사랑과 타박상

유창민

프롤로그

　새롭게 사랑을 시작하려 할 때마다, 필연적으로 다가오는 울적함이 있습니다. 그것은 깊고 푸르렀던 사랑이 저물어갈 때의 아픔과, 수많은 고열과 미열을 반복했던 긴 치유의 과정에서 나오는 방어기제 같은 것이었습니다. 사랑의 시작이 주는 달콤함의 무게와 대가를 우리는 너무 잘 알아버렸고, 이내 시작과 동시에 이렇게 움츠려버리곤 합니다. 그러나 여전히 학습하는 일은 어려운 일입니다. 불에 타 죽을 것을 알면서도 날아드는 불나방 같은 기질을 없앨 수는 없었으니까요. 사랑을 보았지만 언젠가 무너질 것을 염려하며 다가가지 않다가는, 또다시 짙고 우울한 흑백 속을 누벼야 할 것만 같았습니다. 타올라 죽어버리는 삶만 못하게, 그것 또한 아주 슬픈 일임에 틀림없었습니다.

이별이 남긴 울적함이 무색할 만큼, 나는 또 한 번 온 마음을 다해 사랑할 생각입니다. 다만, 언제든 떠나갈 수 있다는 마음 또한 움켜쥐고 사랑할 생각입니다. 그 사람을 깊이 애정할수록, 훗날 무너지는 사랑을 바라보는 일은 다시는 겪고 싶지 않을 만큼 너무 아픈 일임을 이젠 잘 알고 있으니까요. 시절인연(時節因緣)이라는 말이 있듯, 나는 또 한 번 나를 무너뜨릴 수 있는 사랑의 여정을 밟고, 온전히 사랑할 때의 모든 것을 그저 담아둘 생각입니다. 사랑이 이어지는 과정과, 저물어가는 과정, 훗날의 아픔까지도 모두.

당신은 어떤 사랑을 하고 계신가요?

목 차

프롤로그 | 02

작별 | 10
겨울 | 17
환절기 | 19
바다로 가요 | 20
표정 | 21
고질병 | 22
전류 | 23
길에서 | 25
도망치고 싶을 땐 | 27
감기 | 28
짙은 | 30
노을 | 32
향수 | 34
이야기 | 36

봄비 | 39

난춘 | 41

가을 | 45

어떤 새벽 | 47

사랑의 형태 | 52

낡은 외로움 | 56

청춘 | 59

결말 | 62

시간 | 63

결로현상 | 64

안부 | 66

위로 | 67

행복해주세요 | 68

잘 가 | 69

모래성 | 71

푸념 | 72

하물며 당신이었습니다 | 74

그리움 | 75

비 | 76

\# 우리 내일도 힘내자 | 81

\# 다이빙 | 83

\# 말장난 | 85

\# 내겐 당신을 사랑하는 마음밖에 없습니다 | 86

\# 계절 | 87

\# 문장의 힘 | 88

\# 반추 | 89

\# 핫팩 | 90

\# 조금만 더 잘래요 | 92

\# 자라남의 방식 | 94

\# 성장통 | 96

\# 사랑의 속성 | 100

\# 나의 문학 | 102

\# 유통기한 | 104

\# 언어유희 | 105

\# 수미상관 | 107

\# 일기장 | 109

\# 묶음 | 110

\# 그러나 기억해야 할 것은 | 112

속절없이 | 115

사는 일 | 117

춘래불사춘 | 120

구원 | 123

정리 | 127

행간 | 128

아이러니 | 130

사랑 이후 | 131

백색왜성 | 133

사이렌 | 136

속설 | 141

그리고 다시 뒷모습 | 143

편지 | 146

사랑과 타박상 | 149

마라톤 | 151

-

 분명 간과한 게 있었지. 지난 사랑에 대해 생각한다. 거의 다 완성돼 갔는데, 어디론가 사라진 퍼즐 몇 조각을 생각하는 심정으로 골머리를 앓고 있다. 작은 퍼즐조각과 완성되지 못한 사랑. 펼쳐놓은 사랑으로부터 간과한 지점을 모르는 나는, 이내 작은 상실에도 쉽게 허물어지기 마련이었다. 그럴 때마다 하던 다짐들도 분명 있었는데. 이젠 그 마음가짐들조차 희미해진 게, 뭔가 단단히 잘못되었다는 느낌을 지울 수가 없다. 나 이렇게 살아도 괜찮은 걸까? 자문해 봐도 대답해 줄 목소리는 없다. 무슨 말을 듣고 싶었던 건지. 그저 흔한 이별을 겪었을 뿐인데.

작별

 사실 그 표정을 예전부터 잘 알고 있었어, 말하려다 그만두어 버렸다. 오늘만큼은 조금 숨길 생각인 걸까. 그는 평소처럼 소탈한 웃음을 보여주곤 했다. 밥을 먹을 때 실수로 젓가락 같은 것들을 떨어뜨릴 때나 카페에 갈 때마다 매번 똑같은 음료를 찾는 나를 보며 그랬던 것처럼.

 이렇게 보니 참 둔한 사람이구나 싶었다. 그렇게 웃어주다가 내가 또 한 번 흔들리면 어떡하려고. 나는 예전처럼 툭하면 울어버릴지도 모르지만, 그는 또 한 번 그런 내게 웃어줄 수 있을까. 감각을 부정하는 일은 언제나 불안함을 수반했다. 관계의 끝이 살갗으로 느껴지고, 뚝뚝 끊기는 음절은 나를 아무 말도 못 하는 벙어리로 만들어 버리고 있었다. 안돼. 아직은 정말 안 되는데. 도무지 그의 뒷모습을 마주할 자신이 없는데. 그러나 우리는 이미 종착역에 다다랐고 나는 이제 더 이상 갈 곳이 없다. 지난날을 생각한다. 끝으로 가기까지에 여정 같은 거. 이대로 안녕을 말하면 다시 볼 수는 있을까. 나는 아직도 잘 모르겠어. 우리 어쩌다 이렇게 되었지.

지금만큼이나 그의 얼굴을 빤히 본 적이 있었나 싶을 만큼, 그의 각 이목구비들을 뚫어져라 바라보았다. 그는 매번 나를 만날 때처럼 입꼬리를 조금 올려 미소를 보여주었지만, 그 표정에는 내가 아는 무언가가 사라져 있다. 애써 괜찮은 척 웃으며 말을 이어 본다. 괜찮다. 그 무언가를 기어이 찾으려고 발버둥 칠 만큼의 바보는 아니니까. 다만 점차 속이 아려옴을 느껴 이번에는 그의 손끝으로 시선을 옮겼다. 왠지 모를 거만함이 올라왔다. 이를테면 굳이 저 손을 잡아보지 않아도 손가락의 온기와 핸드크림의 냄새를 알 것만 같은 느낌. 건너편에 앉아있는 남자와의 관계를 실감했다. 새삼, 우리 세상에서 제일 가깝지 않았었나. 그 거리를 일일이 재어가야 했을 때부터, 또 그 모습이 안쓰러워지기 시작한 순간부터, 우리의 거리는 이미 돌이킬 수 없을 만큼 멀어지고 있었다. 울컥함이 치솟았다. '네가 나한테 어떤 사람인데…' 따위에 부질없는 말이라도 일단 뱉어내고 싶었다. 별생각 없었던 그의 가느런 눈매가, 무미건조한 눈동자가, 우리 근처에 있는 무언갈 자꾸만 단절시켰다. 이럴 땐 나의 기민한 감각이 그토록 밉게만 느껴지곤 했다.

그는 홀짝거리던 커피를 몇 번 휘젓고는, "우리 지금 행복한가." 말했다. 관계의 기류 같은 게 하나씩 끊어지고 있었는데, 그의 말 한마디에 이만치 많은 기류들이 우수수 끊어져 내렸다. 그 말을 듣고 나는 어떤 말을 뱉었더라. 적막을 깨고 나온 그 문장을 기점으로, 무슨 대화가 이어졌는지 기억이 잘 나질 않았다. 그건 아마 서로의 입가에 떠도는 말과 속에서 나오는 말의 괴리가 너무 커서 그런 것이겠지. 그 애가 우리의 관계에 대해 서두를 던질 때, 나는 뜬금없게도 '이별'과 '작별'이란 단어의 차이점을 생각하고 있었다.

어디선가 들은 적이 있다. 이별은 서로가 원하지 않지만 어쩔 수 없이 헤어지는 것이고, 작별은 서로가 마주 보고 손을 흔들며 아름답게 헤어지는 것이라고. 그럼 이건 뭘까. 이별이라 하기엔 관계의 종착이 그의 입에서 나오고 있는 것 같고, 작별이라 말하기엔 서로가 마주 보며 손을 흔들려 하고 있지만 내가 너무 아팠다. 아름답지가 못했다. 적어도 내게는.

그사이 우리는 이별도, 작별도 아닌 그 무언가에 과정을 끝마쳤다. 나는 아무 생각도 없이 "그동안 고마웠어" 말했고, 그는 여전히 미소를 머금은 표정으로 내 말에 대답해 주었다. 우리의 마지막 남은 관계를 잘라낸 게 결국 저 미소라니, 순간 그의 이목구비가 강하게 뇌리에 박혔다. 감각적으로 알았다. 저 미소를 잊으려면 아주 오랜 시간이 걸릴 거라는 걸. 그걸 제외하고서도 떠난 그가 남기고 간 게 너무 많았다. 손끝의 감각과 핸드크림의 향, 푸석한 입술의 맛과 또렷한 이목구비, 나지막한 음성까지. 나의 오감이 전부 그를 향해 있는 게, 또 한동안 결국 그에게로 귀결된 감각들이 이

내 두려워졌다. 어쩔 줄을 몰라서 허공만 응시하고 있었다. 그래도 다행이지, 그의 앞에서 울지 않았으니. 다만 거대한 해일이 오기 전 빠져나가는 썰물의 현상처럼, 가슴팍 어딘가에 응어리진 마음들이 이상 전조처럼 다가왔다. 한꺼번에 몰아칠 준비를 하고 있던 것이다. 자연재해 같은 건 대개 사람의 힘으로는 막지 못하는 거라, 속절없이 그 자리에서 엉엉 울었다.

*

 그래서 우리가 한 건 결국 이별이었을까 작별이었을까? 그와 헤어지고 난 뒤, 시간이 좀 지나다 보니 못내 그런 게 궁금했다. 그러고 보니 결별이란 단어도 있지. 관계의 종착, 단절을 뜻하는 단어들도 꽤나 종류가 있다는 사실이 사뭇 애석했다. 이런 걸 보면 나 정말 그 사람 많이 사랑하긴 했나 봐. 돌아본 계절엔 각자 다른 형태의 사랑이 존재하고 있었다. 젊은 날을 관통했던 유일한 사랑, 돌아본 시선마다 있던 게 당신이라 다행이었어. 이젠 다시 혼자 가야지. 밟는 길마다 어색한 미련이 조금씩 묻어 나왔다.

 일렁인다. 온종일 아지랑일 피워냈던 오월 초저녁의 거리. 반대편 버스정류장을 보니 그의 집 방향으로 가는 버스가 정차하고 있었다. 이제는 저 버스를 탈 일도 없지. 어떤 형태로든 그에게 귀속되어 있던 것들을 하나둘씩 단념하는 과정을 거치다 보니, 이젠 제법 밥도 잘 먹고, 얼마간에 다정한 미소도 지을 수 있게 되었다. 삶에서 그의 흔적을 천천히 지워나가다 보면, 언젠가, 헤어진 직후 여전히 내 세상에 잔존했던 그와도, 그때처럼 또 안녕을 말할 수 있지 않을까? 그때는 비로소 손을 흔들며 작별을 말할 수 있을 거야.

 승객을 태운 버스는 점차 멀어지며 다시금 서울의 조각이 되어갔다. 나는 소실된 버스의 뒤로 펼쳐진 도로의 풍경을 지그시 응시하다가, 조금씩 웃어 보였다. 그가 있던 자리에선 왠지 모를 선선한 바람이 불어오고 있었다.

겨울

 그러고 보니 당신은 유난히 겨울을 닮았습니다. 가끔은 낯설 만큼 차가운 공기에 코끝이 시려와 목도리를 얼굴에 두르고 겉옷을 두껍게 입어야 할 때가 있지만, 눈 덮인 거리의 풍경이라던가 눈 내리는 날 불 켜진 가로등 아래의 시선처럼, 그저 겨울의 장면 같은 당신에게 한없이 젖어버리는 날이 많았습니다.

 십이월 어느 날의 신도림역. 베이지색 코트를 입은 당신의 뒷모습을 바라보며 울먹이던 그날을 기억합니다. 옷을 여미며 견뎌왔지만 더 이상 그 추위를 감당할 수 없을 것만 같던 그날. 일기예보를 보지 않은 채 거센 한파를 고스란히 맞이했던 날. 굳이 말을 꺼내지 않아도 이렇게 작별을 맞이할 수 있구나 실감했던 하루. 여전히 나를 하얗게 물들 만큼 예쁜 겨울 속에 당신이었지만, 나는 그 차가움을 견뎌내지 못했습니다. 미안합니다. 이제와 그 겨울 속에 남은 것은 당신의 베이지색 코트와 자주색 목도리뿐입니다.

 한동안 눈이 많이 내렸습니다. 그 눈들이 다 녹을 때쯤, 아마 많은 것들이 괜찮아지고 그리워질 것 같습니다. 당신은 유난히 겨울을 닮은 사람이었습니다.

환절기

  계절이 바뀌고 환절기를 느낄 때마다 퇴색된 기억들은 언제 그리도 흐렸냐는 듯 다시 색을 입습니다. 그 기억들의 중심엔 언제나 당신이 있고, 나는 또 한 번 남겨진 당신을 사랑하곤 합니다. 이것은 환절기를 겪을 때마다 내게 새겨진 부질없는 습관 중 하나입니다. 하지만 언제부턴가 당신이 아닌, 당신과 함께했던 기억들을 사랑하게 된 것 같습니다. 기억 속 당신의 표정과 몸짓, 웃음소리를 사랑하고, 내 사진첩 속 어딘가에 미소 짓고 있을 당신을 사랑합니다. 다만, 나는 더 이상 당신을 사랑하지 않습니다.

바다로 가요

바다로 가요. 늘 떠나고 싶었잖아요. 내가 사랑하는 이들이 나를 떠날 때도, 도시의 편린들이 나를 어지럽게 할 때도, 그래서 늘 무언가를 잃어버린 것만 같아서 슬퍼하고 있을 때도, 바다는 여전했잖아요. 나 요즘 들어 그 파도 소리가 정말 듣고 싶었어. 파도 속에 간직해 놓은 잃어버린 옛 목소리들을 듣고 싶기도 했고요. 언젠가 해변 모래사장에 적어놓았던 우리의 사랑도 가끔 들여다보고 싶기도 해서요. 맥없이 부서지고 사라지는 파도처럼 영원한 것 하나 없는 삶 속에서, 언제까지고 울적해하며 살 수는 없잖아. 그러니까 떠나요. 바다로 가요 우리.

표정

 사랑에 대해 복잡다단하게 생각하는 버릇은, 대게 그 사랑이 유사사랑 조차 되지 못하도록 훼방시켜 놓기 일쑤였다. 지나고 나니 사랑이었다는 진부한 이야기. 애인과 다정히 남겼던 발자국처럼 명료하고 단순한 거였음에도, 그때는 몰랐던, 이제는 소재를 알 수 없는 마음들이 너무 많이 생겨버렸다. 그거 다 사랑에서 파생된 거 아니었나. 그렇다면 다시 사랑으로 귀결되는 게 응당 당연한 수순일 텐데. 품고 있는 상념이 점점 버거워지고 있다. 정착할 곳 없는 마음이 많은 사람은 쉽게 외로워진대. 시절은 이명처럼 종종 목소리를 들려준다. 사랑을 말하던 얼굴. 그만치 단순했던. 나는 왜, 떠오르는 너의 표정을 아직도 사랑으로 치부해 버리는지. 많이 사랑하긴 했었지. 그런 표정도 있단 거, 알려줘서 고마워.

고질병

이미 아름다운 것들을 바라보며, 그것들이 시들어 버릴 순간을 나도 모르게 떠올리고 이내 쓸쓸해합니다. 이것은 고쳐지지 않는 나의 지독한 고질병 중 하나입니다.

전류

 죽을 만큼 사랑해란 문장에 오래도록 붙들려 있던 적이 있었다. 사랑 때문에 죽을 수 있다니. 그런 마음 한 번쯤 품었던 적이 내게도 있었던가? 시간은 과거를 철저하게 배척하는 경향이 있어서, 뒤로 가는 문장들은 별안간 휘발되어 의미를 갖지 못할 거였다. 지난 사랑이 원래 다 그렇지. 모두 잊어버리기 전에 좀 그리웠던 이름들을 나열한다. 몇 번이고 말했던 사랑해가 이렇게 퇴색되는 날이 오는구나. 내친김에 혜를 좀 더 생각하기로 한다.

 혜를 끌어안을 때마다 몸에 올랐던 정전기. 돌아오는 가을에도 그때 입었던 니트를 꺼내겠지 아마. 내 마음속엔, 한 십 암페어 정도 되는 전류가 흐르고 있다고 이실직고하고 싶었다. 어떤 날은 내게 다가와선

안 된다고. 꼭 아픔을 전이시킬 것만 같다면서 말이다. 슬픈 사람은 이대로 영영 슬퍼지는 걸까? 기억 속에 혜는 나의 경고를 무시하고 자주 내 손을 잡았다. 내 속을 까맣게 태울 때는 언제고. 이제는 보란 듯이 슬픈 눈으로 나를 적시고 있다. 사람을 죽게 하는 전류를 계산한다. 아직은 살 수 있지 우리. 그 애를 품에 끌어안고선 며칠이고 우두커니 있고 싶었다.

길에서

 그것은 동경이었을까요, 아니면 주제넘은 연민이었을까요. 가끔은 지나치는 낯선 이의 색깔이 없는 무감각한 표정을 보며, 그는 어떤 삶을 살고 있을까 궁금해질 때가 있습니다. 아무리 봐도 행복해 보이진 않는 그 사람의 표정을 바라보면서, 내가 겪어본 적 있는 모든 마음을 그도 경험한 적 있을까, 대부분을 겪어보았으니 저렇게 생기 하나 없는 표정으로 또각또각 걸을 수 있지 않을까, 이런 부질없는 생각을 한 채 그를 스쳐 지나갑니다. 나는 지금 이만큼 힘든데, 당신도 내가 겪고 있는 이만큼의 힘듦을 알고 있을까 궁금해하면서요.

 그러면서 나를 스치는 당신이 조금 좋아졌습니다. 누군가에게는 세상이 무너지지만 사실 누구나 겪는

흔한 아픔이라는 것을 알기에, 한 번쯤 앓아 본 적 있어 보이는 당신을 동경하게 됐고, 그 아픔의 끝은 단단하고 삭막해진 마음의 완성이라는 것 또한 알기에 조금은 당신이 측은해집니다.

 당신은 여전히 무감각한 표정으로 나를 스쳐 지나갔습니다. 어떤 삶을 살고 있을지는 영영 알 수 없겠지만, 당신의 무표정한 얼굴을 보고선 조금은 안도했습니다. 부디 행복하세요. 나도 꼭 행복해질 테니.

도망치고 싶을 땐

　도망치고 싶을 땐 주로 하늘을 바라보는 편입니다. 그러다 보면 문득 생각이 듭니다. 도망칠 곳은 있을까, 도망치다 겨우 도착한 그곳은 과연 행복할까, 지금처럼 같은 하늘만 바라보고 있진 않을까. 그렇게요. 결국 행복은 내가 서있는 이곳에서 발견해야 한다는 것을 알게 되고, 나는 또 한 번 견뎌내는 법을 배우곤 합니다.

감기

  한동안 많이 아팠습니다. 늘 당신한테 투덜댔던 것처럼 마음이 아팠던 게 아니고요, 아침부터 힘이 점점 빠지더니 점심쯤 되니까 몸이 으슬으슬 추워지더라고요. 그날 밤부터 이어진 고열로 꽤나 고생했습니다. 불현듯 막막하더라고요. 해야 할 일은 많은데 몸이 도저히 움직여지질 않아서요.

  어색함의 연속이었습니다. 나의 이마는 불덩이 같고, 그 위에 얹히는 손은 익숙한 손길이 아닌 차갑고 무색한 나의 두 손뿐이라서요. 이대로는 그저 깨어있는 것 자체가 너무도 괴로울 것만 같아서, 해열제와 진통제를 복용하고 빨리 잠에 들어야겠다고 생각했습니다. 그러지 않으면 꽤나 긴 새벽을 보내야 할 것만 같았거든요.

아플 땐 거르지 말고 꼭 약 좀 잘 챙겨 먹으라고 당신이 툭툭거리며 얘기할 때마다, 이런 건 원래 시간 지나면 낫는다고 고집부리던 나의 그때가 참 우습게만 느껴집니다. 내가 이렇게 약한 사람이었나 싶기도 하고. 또 그땐 어떻게 그렇게 잘 나아서 괜찮아졌나 싶기도 하고 그럽니다.

　어쩜 이렇게나 아플까요. 그때도 분명 딱 지금만큼만 아팠을 텐데요. 그날의 감각을 떠올려보니 너무도 예쁘기만 합니다. 그때도 이렇게나 아팠을 텐데. 지금만큼이나 열도 나고 추웠을 텐데. 돌아보니 그저 따뜻하고 포근하고 그렇습니다.

　이번에는 고집부리지 않고, 꼬박꼬박 약을 챙겨 먹을 생각입니다. 당신이 했던 말처럼 약 잘 챙겨 먹고, 밥 잘 먹고, 푹 자고, 그렇게요. 다만, 이번 감기는 한동안 긴 미열을 겪을 것만 같군요. 그건 시간만이 낫게 해 줄 것 같습니다. 많이 미안했습니다. 아무쪼록 아프지 말고 건강하길 바라겠습니다.

짙은

 딱 이맘때쯤 되면 많은 것들이 쉽게 짙어진다는 사실을 차마 부정할 수 없다. 나는 짙은 것에 한없이 약한 사람이라, 끝내 가벼운 그리움 정도로만 치부했던 누군가를 기어이 짙게 떠올려내고 마는 것이다. 환절기를 지나오며 온도가 짙어졌고, 바람의 밀도가 짙어졌고, 거리의 풍경이 짙어졌다. 하물며 간간이 느끼는 허기마저 더욱 짙게 느껴지곤 한다. 사랑은 또 어떻고, 숱한 짙음들을 만사 제쳐두고서도, 사랑은, 오직 사랑만은 그 무엇보다 더욱 짙고 무거워짐을 느낀다. 무슨 수를 써도 가벼워지지 않았다. 땅속 깊숙이 닻을 박아 놓은 듯 꿈쩍도 하지 않는 그리움. 그에 압도된 나는 고개를 치켜들어 여전히 하늘을 바라보고 -

얕은 마음을 좀 가져봐, 가볍게, 그저 조금만 더 가볍게···. 일생동안 사랑했던 것들을 생의 편린 정도로만 가볍게 여겨보라는 말에, 나는 고개를 끄덕일 수 없었다. 짙은 그리움. 그것에 수반되어 있는 수많은 감정들의 무게를 덜어놓는 일. 나는 할 수가 없다. 해서는 안될 것만 같아. 그만큼의 얕은 마음들이 아니었는데.

노을

  여운을 남기며 수평선의 아래로 서서히 사라져 가는 노을을 보며, 저물어가는 것들을 보다 보면 어느샌가 눈가에 눈물이 맺히곤 한다던 당신이 떠오릅니다. 저물어가는 노을, 저물어가는 관계와 저물어가는 마음들, 저물어가는 시간들. 그 모든 것들이 끝에 닿아가는 순간, 자리에 남은 것은 저물어가는 과정 속에 새겨진 따뜻했던 순간의 윤곽뿐이라고. 당신은 마치 잔상과도 같은 그것들을 가만히 바라보고 있는 게 참 슬프다고 말했죠.

  문득 지금에 와서야 새삼 느낍니다. 당신이 저무는 노을을 바라보며 내게 슬프다고 말했던 이유. 굳이 서술하자면, 결국 저물어간다는 것은 끝을 향해 가고 있다는 뜻이니까. 마지막을 향해 가는 슬픈 현실과는 대비되도록, 그 과정은 저물어가는 노을처럼 저렇게나 예쁘고 찬란할 수도 있는 것이니까. 밤이 찾아와 석양의 흔적이 사라진 그 순간까지도, 함께 땅거미 진 자리만 멍하니 바라보고 있던 그날의 우리처럼 말입니다.

오늘은 그 말을 남겨준 당신이 떠오릅니다. 그리고 노을이 저문 곳에 쉽게 시선을 떼지 못했던 그날처럼, 사랑이 저문 자리를 보내지 못하고 이리저리 주변을 맴돌았던 그날의 내가 떠오릅니다.

어쩌면 노을을 바라보며 내게 말했던 그 순간까지도, 당신은 이미 저물어가는 사람이었을지도 모르겠습니다.

향수

 나는 있잖아요, 사랑은 독한 향수 같은 것이라고 생각했어요. 사랑이란 단어가 주는 특유의 느낌이 있잖아요. 서로의 향에 취해 몽롱해지고 어지러워하며 달콤한 문장과 말들로 서로를 중독시키는. 그래서 나의 향이 짙어지고 강해질수록, 그 사람에게서 오래 기억될 것이라 생각했죠.

 아, 이제는 그게 참 아니었구나 싶어요. 그러니까 작년 이맘때쯤이었을까요, 나는 짙은 사랑을, 서로의 향기에 취해 다른 향 따윈 느낄 수 없는 그런 사랑을 하고 싶었거든요. 그래서 온몸에 향수를 잔뜩 뿌리고 커다란 사랑을 덕지덕지 묻혀 그 사람에게 다가갔는데, 향이 너무 강한 탓에 그이는 숨이 턱 막혀온다며 나를 밀어내곤 했었죠. 너무 독한 사랑에, 자신은 숨을 쉴 수가 없다면서 말이에요.

 어쩜 그리 허탈하던지, 우리에게 남은 건 서로의 향이 아닌 덩그러니 남겨진 지독할 정도로 독한 나의 사랑뿐이더라고요. 그렇게 시간이 지나 이제야 조금 알게 되었어요. 독한 향수 같은 사랑은 올바른 사랑이 아니라는 것을. 분명 타오르는 사랑을 이끌어 낼 수는 있겠지만, 불꽃이 반짝 타오르면 타오를수록, 재가 되어 꺼져버리는 건 한순간인 것처럼 말이에요.

 사랑은요, 은은하게 하는 거예요. 굳이 말하자면 섬유유연제 같은 사랑이라고 해야 할까요. 과하지는 않지만 향이 없는 것도 아닌, 적당한 마음과 적당한 거리로 오랫동안 은은하게 머물러 있는 것. 그렇게 서로의 숨결을 배려해 주는 것. 나는 그게 참 괜찮은 사랑이라고 생각해요.

이야기

사랑의 과정을 책에 빗대어 나타낸 글을 본 적이 있다. 함께 한 이야기들을 한 권의 책으로 나타내어, 어떤 페이지에는 이런 사랑을 하고 어떤 페이지에는 관계가 조금씩 위태롭게 되기도 하며, 결말을 향해 갈수록 관계의 종착이 가까워진다는 내용의 이야기였다.

언젠가, 그녀에게 물었다. 우리의 이야기가 책으로 나오면 어떨 것 같냐고. 그녀는 잠시 동안 고민하더니 이렇게 말하더라.

"별로 인기 없을 것 같은데."

우리가 하고 있는 이 사랑이 당사자인 우리에겐 특별해 보일지언정, 남들과 별다를 것 없는 그런 사랑일 것이라고. 그리곤 이내 말을 하나 덧붙였다.

 우리의 지금이 책에 어떤 내용으로 기억될지는 잘 모르지만, 아마 이 책에 독자가 가장 많이 읽어낼 장면이 아닐까 싶더란다. 서랍 속 오래된 책들을 보다 보면, 꼭 계속 보고 싶은 페이지가 있다고. 유난히 손때가 묻고 너덜너덜해진 페이지가 있다고. 지금이 그렇다고. 우리는 지금 행복하니까. 서로의 마음을 의심하지도 않으며 순탄하게 흘러가고 있으니까.

 "나는 우리의 이야기가 책으로 나온다면, 기승전결 확실한 재밌고 흥미진진한 내용으로 연재되지 않기를 바라. 그냥 지금처럼만 잔잔하게 서로를 애정하는 내용만 있었으면 좋겠어."

 "그런 내용이라면, 확실히 재미없긴 하겠다. 인기 없을 만하네."

"아무렴 어때, 나는 네가 말하는 우리 이야기 속 주인공인걸. 흔한 연애소설이나 소년만화처럼 고난과 역경을 딛는 건 이제 지긋지긋하다니까. 나는 다만 아무런 위기 없이 그냥 사랑만 하고 싶어. 단지 사랑만."

다행이었다. 그녀의 말처럼, 나는 가장 잔잔하고도 찬란한 페이지를 적어내고 있었구나.

잊지 말아야겠다고 다짐해 본다.

우리의 지금은 가장 찬란한 날들이었음을.

봄비

 글쎄요. 쓸쓸해 보이진 않았지만, 그 애를 바라보는 건 마치 봄꽃이 가득 핀 공원에 소나기가 우수수 쏟아지는 그런 느낌이었어요. 내 눈엔 수수하고 예쁘기만 한데, 불현듯 그렇게 슬픈 표정을 지은 채 나를 바라봤던 건 어떤 기억의 잔여물이었을까요.

 그 애에게 꽃말이 있었다면, 그 문장은 결코 아름다운 단어들로 점철되어 있지만은 않았을 것 같아요. 당신은 이렇게 예쁜 사람인데, 나는 정말이지 있는 그대로를 사랑할 수 있을 것만 같은데, 그 애는 여전히 예쁘고 여전히 비가 내려요. 어떤 날은 흐르는 눈물에 꽃잎이 다 떨어질 만큼 서러워 보이기도 하고요.

그 꽃잎이요, 마치 저물어간 사랑의 부산물 같았어요. 그 애가 어떤 마음으로 그 사람을 사랑한 건지 나는 감히 짐작조차 가지 않더라고요. 바라보는 것만으로도 이렇게 아픈데, 그 애는 오죽했을까요. 언젠가 그 애의 아픔이 노을처럼 저물어가는 순간이 오면, 일몰을 함께 바라보며 그 애 옆에 나란히 서있어주고 싶어요.

그저 나를 바라봐주지 않아도 괜찮아요.
다만 그 애가 너무 슬프지 않았으면 좋겠어요.

# 난춘

  몇 해 전, 누군가의 이름을 지워내기 위해 한껏 사력을 다하던 때가 있었다. 그러나 있는 힘을 쥐어 짜냈던 나의 노력이 무색할 만큼, 그 모든 게 영 부질없는 행위처럼만 느껴져 동시에 허망함 또한 잔뜩 품고 있던 시절이었다. 크레파스로 새겨진 세 글자 이름 위를 물티슈로 박박 문지르는 듯한 기분. 덕분에 또렷했던 형체는 흐려졌지만, 공백이었던 구간에 너의 이름들이 번져갔다. 반듯한 구석도, 선명하게 남았던 획들도, 다 삐뚤빼뚤하게 변했다. 그 위에 다른 이름을 적어볼까 생각했지만 이내 그만두었다. 그런 모습은 도무지 아름답지가 않았다. 그저 덧칠된 물감처럼 변색되어 갈 뿐이었다.

숱한 과정 끝에 엉망이 된 속을 보며 생각한다. 순백이었던 마음에 눕혀진 누군가의 이름을 완전히 지우려거든, 얼마큼의 시간이 필요할까. 좀 많이 울다 보면 네 이름도 수분에 날아갈까 싶었지만 이미 번진 너의 이름을 말끔히 지워낼 도리가 없었다. 너를 지우려거든 나를 완전히 새것으로 교체하거나 너의 이름이 다 무색해질 때까지 기다려야 했다. 깨닫는다. 사랑은 여러모로 시작의 과정뿐만 아니라 끝의 과정 또한 공들여야 하는 것. 잘 갈무리되지 못한 사랑은 이렇게나 많은 걸 삽시간에 엉망으로 만들기도 하는 거였다.

사랑했던 이를 떠나보낸 이후엔 줄곧 생경한 삶이 지속된다. 툭하면 흘러넘칠 표면장력 같은 눈물을 어찌해야 할지 몰라 하늘을 보며 울대만 드러내고 있던 날들. 그 많은 날들을 겪고 나서야 절차에 따라 순리대로 망각하는 법을 배우게 되었다. 상실에 대처하는 방법 같은 거, 공식처럼 정립되어 존재했다면 좀 나았을 텐데. 온몸을 관통해 가며 습득한 탓에 사랑에 대한 감각기관이 무뎌진 느낌이다. 보다 더 관조적인 태도로써 일관하게 되었다. 저문 사랑의 형태를 지워내기 위해선 이렇게나 많은 에너지를 소모시켜야 한다는 걸 몸소 알아버렸는데, 나 다시 누군가를 사랑할 수는 있을까. 곱씹어보는 것처럼.

그러나, 사람은 원체 사랑에 종속되어 살아가는 존재라는 것을 부정할 수 없다. 사랑은 마음의 주식과도 같은 것. 네가 주었던 사랑 또한 매한가지로, 사랑을 먹고 자란 나로선 그 어떤 사랑도 의미 없던 건 없었다. 한편에 차곡차곡 쌓아놓은 누군가의 사랑으로 생을 연명했던 경험이 결코 적지 않았으므로.

봄기운이 완연했던 어느 날, 간밤에 긴 꿈을 꾸었지. 꿈속의 우리는 제법 다정해 보여. 너는 나를, 나는 너를, 마주 본 우리의 모습은 가히 사랑이라 불릴 수 있을 것만 같았고. 몇 해 전 떠났던 너는 얼마간 온전히 떠나갈 채비를 한다. 미안해. 너무 오래 붙잡아두었지. 구태여 작별을 말하진 않았던 새벽, 밤은 짧아져 가고 너는 영영 볼 수 없는 사람이 될 것 같아서, 나는 멀어져 가는 너의 뒷모습만을 멍하니 바라보고 있다.

가을

 당신은 말했습니다. 가을은 왠지 쓸쓸해야 할 것만 같다는 강박이 있다고요. 날씨가 너무도 좋은 날엔 괜스레 울적함을 머금고 오솔길이라도 거닐어야 할 것 같다고. 스러지거나 사라져 가는 사물들을 자신에게 투영시키는 버릇은 꽤나 오래전부터 버리지 못한 고질병이 되었다고 말이죠. 언젠가, 한 번쯤은 듣고 싶었습니다. 별안간 모든 게 다 괜찮아지는 날, 비로소 당신이 지나온 사계절의 서사들을 말이에요. 나는 진심으로 당신이 웃음 짓는 순간을 바라오고 있었습니다.

 시간이 꽤나 흐른 지금, 결국 당신의 사계절을 듣지는 못했습니다. 그러나, 이젠 나도 당신의 가을을 조금이나마 알 것 같아요. 또다시 가을입니다. 가을은 쓸쓸해야만 할 것 같은 강박. 스러지거나 사라져 가는 사물들을 내게 투영시키는 버릇. 어느새 나는 가을만 되면 말끝마다 수분이 맺혀있는 사람이 되었습니다. 오늘은 바람이 너무 좋아 어디든 나가야 할 것만 같아요. 옷을 여미고 길을 나섭니다. 하늘은 높고 구름은 깨끗합니다. 최대한 쓸쓸하고 울적하게, 나는 당신을 머금고 가을을 거닐고 있습니다.

어떤 새벽

잠들기 전에 일기를 꼭 쓰는 편이다. 세상 한가운데 홀로 덩그러니 놓인 기분이 들 때도, 작은 다이어리를 펼쳐 글을 써 내려가다 보면, 보잘것없는 내 세계가 점차 완성되어 가는 것만 같아 괜스레 충만해짐을 느끼곤 했다.

그러고 보니 한때 웹소설 시장에 이런 제목이 유행했던 적이 있었다. oo한 세계에서.. 판타지 세계의.. 이 세계 어쩌구 하는 뭐 그런 거. 어떤 세계의 주인공이 된다는 건 제법 근사한 일. 즐겨보던 웹소설 속 주인공들도 자신만에 능력을 키워가며 특정한 세계에서 살아남기 위해 여력을 다하고 있었다. 절체절명인 순간 속에서도 어떻게든 살아남아 성장해 나가는 이야기. 다시 돌아가서, 예전에 적어놓은 일기들을 들여다

보고 있다 보면 여간, 나도 잘 살아남기 위해 이리저리 많이 노력했구나, 하는 측은한 마음이 피어오르기도 했다. 한 세계의 주축이 되어 겪어가는 이야기들. 넘기는 페이지마다 나열된 축축한 문장과 산뜻한 문장의 반복이, 알게 모르게 내 세계를 제법 촘촘하게 꿰어나가고 있었다.

 사건의 발단이 된 건 윤의 이름을 발견했을 때부터였다. 윤이 내 세계에 발을 들였을 때부터, 내 세계는 점차 엉망으로 흘러가기 시작했다. 좀 더 페이지를 넘기다 보니 이게 정말 내 세계인지, 윤의 세계인지, 헷갈릴 만큼 영 편향된 세계들이 주를 이루고 있었다. 범람하는 사랑의 물결, 기울어진 세상 속에서 윤의 손을 잡기 위해 노력했던 흔적 같은 게 여기저기 잔존했다. 애석하게도 이젠 그저 하나의 몸짓으로밖에 남지 않았지만.

 건조했던 마음에 산돌림이 내린다.

윤의 이름을 더 이상 적지 않게 된 이후론 줄곧 생경한 세계가 반복되었다. 무너지기 일보 직전. 그야말로 폐허라고 부르기에 손색없는. 이런 어설픈 세계가 다 있는지. 그날을 기점으로 삶의 초점은 온통 생존에 직결되어, 모든 철자들이 몸부림을 치며 까만 낯빛을 띠고 있다. 그때 살아남기 위해 배웠던 것들이 여태 나를 살게 하고 있는 걸까. 이를테면 포탄이 떨어질 때 곧바로 취해야 하는 복지부동 자세 같은 거. 시절의 파편은 꽤나 위협적이고, 살아남아야 했던 나는 어느새 그런 위험에 잘 대처하는 사람이 되어있었다.

그런 의미에서 새벽은 영 위험한 시간, 잠을 청해야 하는데 나는 일기장만 넘겨보고 있다. 최근에 쓴 글자들이 그렇게 소란스럽지 않은 걸 보면, 어느덧 내 세계를 한창 요동치게 만들었던 몇 개의 에피소드들도 다 끝을 맞이한 걸까? 그렇다기엔 아직 내 세상은 조금 엉망인 듯한데. 물음이 자꾸만 많아져 간다. 그 모든 물음의 증명은 아마 새벽이 해주겠지만, 일기장을 덮는다. 시계를 보니 시간은 새벽 두 시에 가까워지고 있었다.

-

초연함과 처연함은 모음 하나만큼의 차이인지라, 새벽쯤 되면 줄곧 그 간극을 쉽게 넘어 다니곤 했다. 처연한 나는 꼭 한숨을 쉬었고, 이내 초연해진 나는 미소를 지었다. 그럴 때가 있었구나, 곱씹으면서.

 # 사랑의 형태

 특정한 사물을 볼 때 자연스럽게 겹쳐 보이는 사람, 잇따라 떠오르는 기억, 또는 특정한 누군가를 바라볼 때 떠오르는 사물이나 현상 같은 것들. 혹은 사랑했던 무언가의 흔적이 남기고 간 부산물 같은 것들. 나는 그 모든 것들을 사랑의 형태라고 칭하고는 했다.

 이를테면 능소화꽃

 어릴 적 손을 잡고 어머니와 함께 동네를 배회하는 일이 많았다. 마을 공원, 숲, 안양천의 물길을 따라서, 붙잡은 손을 의지한 채 목적 없이 어딘가를 끊임없이 배회하다가도, 어머니는 정갈하게 핀 꽃이나 풀잎을 지나칠 때면 꼭 발걸음을 멈춰 식물의 이름을 내게 상기시켜 주시곤 했다. 능소화, 금개화, 철쭉, 패랭이

꽃…. 덕분에 굳이 기억해 내려 하지 않아도 머리의 새겨지는 꽃의 이름이 많았다. 그 많은 꽃들 중 기억의 가장 앞부분을 차지하고 있는 꽃이 바로 능소화꽃. 거리를 배회할 때 눈에 담았던 꽃 중에서도 가장 알아채기 쉬운 꽃이었다. 능소화는 넝쿨째 피어나는 성질을 가졌으니까. 그 이후론 능소화만 발견하면 어머니의 목소리가 귓가의 맴도는 것만 같다. 타지에 멀리 떨어져 살고 있을 때도, 유난히 중력이 강하게만 느껴지는 무거운 날에도, 담장에 핀 능소화를 가만히 들여다보고 있으면, 나는 어머니의 목소리를 떠올려낼 수 있었다. 굳게 믿었다. 사랑이 형태를 지닌다면 분명 저 꽃의 모습일 것이라고.

어쩌면 너무도 당연한 일이었을지도 모른다. 길가의 꽃집에서 멍하니 유채꽃을 보고 있으면 괜히 코가 시큰거리고 눈물이 핑 돌던 이유. 그리곤 이내 유채꽃밭을 맴돌던 낯설지 않은 누군가의 모습이 눈에 어린다.

맞아, 그때 당신의 봄 원피스가 참 괜찮았지. 손등이 빨갛게 물든 어느 겨울날, 조만간 봄이 오고 꽃이

피면 유채꽃을 보러 가자고 말했던 당신의 그 한마디 덕분에, 나는 당신을 품에 안을 때도, 뒷모습을 보여야 할 때도, 한 시절을 온통 그해 봄의 파란 하늘색과 유채꽃의 노란빛으로 채색해 놓을 수 있었다. 한 시절을 칠해놓은 색채는 언제나 짙고, 계속해서 번져나가려는 성질이 있어서, 나는 몇 개의 시절을 보내고도 파스텔처럼 번져간 사랑의 형태들을 계속 마주한다. 유채화, 파란 하늘, 그날 당신이 입었던 봄 원피스 같은 사랑의 잔여물들을.

 형태를 지닌 사랑. 분명 스쳐 지나갔지만 어떠한 형태로든 은은하게 남아있는 향수 같은 것들. 시간은 많은 것을 앗아가지만 이처럼 잔상과도 같은 사랑의 형태들은 남겨두기 마련이다. 달라진 게 없지. 지금도 꽃집을 지나칠 때마다 설렘을 수반한 낯선 그리움이 턱 끝까지 차오르는 걸 보면.

 다만, 슬픔마저 수반할 장면일지라도, 떠오르는 풍경의 중심에 내가 참 많이도 사랑했던 당신이 서있다는 것. 꽃을 바라보는 순간 느껴지는 온기와 애틋함 같은, 이렇듯 오랜 시간이 지나도 변하지 않는 것들이 있다는 것. 결국 어떠한 형태로든 내게 은은하게 남아 있는 당신을 떠올릴 때면, 형태를 지닌 사랑은 가끔씩 나를 위로해 주기도 하였다. 내게도 그런 시절이 있었다고. 앞으로도 잘 지낼 수 있을 거라 말하면서. 그래서, 그 사실만으로도 나는 앞을 바라보며 살아낼 수 있었다. 뒤를 돌아보면 당신이 손을 흔들고 있다는 그 사실만으로도, 누군가에게 나는 참 다행인 사람이라고 말할 수 있을 것만 같았다.

낡은 외로움

 어떤 외로움은 시절만큼 낡아 있다. 그럼에도 차마 버리질 못하는 것. 괜히 바라보면 애틋해서 이리저리 둘러만 보고 있다. 시간이 지날수록 낡은 것들에 더 애착이 간다고 하던데, 어쩌면 그 외로움은 영영 간직하고 싶은 서랍 속 카세트테이프 같은 것일 수도 있겠다.

 어디서부터 시작되었을까. 한동안 나를 무질서하게 흔들던 감정이 이토록 애잔해질 줄은 몰랐지. 여름이 되면 겨울의 쓸쓸함을 잊고, 겨울이 되면 여름의 눅눅함을 잊게 되는, 왜곡된 계절의 속성처럼 자주 나를 속였다. 그럼에도 너무 애틋해서 다 잊어버리게 되는 거지 결국.

당최 어떤 표정에서부터 기인되었는지 생각한다. 무릇 외로움이란 쓸쓸함에서 파생된 단어라, 어느 것으로부터 남겨진 이들의 낯에서 빈번히 발견할 수 있다. 미간을 짚고 골몰한다. 분명, 그 무렵의 나는 자주 쓸쓸했지. 사랑이 없는 곳에서 사랑을 말하는 목소리처럼 애잔했고, 추억하려고 살아가다가 살아가려고 추억하는 사람처럼 서글펐다. 이별도 한몫했지. 어떤 사랑은 훗날 사랑으로만 기억되지 않는다는 것을, 온 힘을 다해 사랑했던 사람으로부터 알게 되었다. 그 애에게 배운 게 많다. 사랑에 발을 담갔을 때 지을 수 있는 민낯과 내게 치우쳐있던 세계가 등을 돌렸을 때 생존하는 방법 같은 거. 그러나 그 모든 게 너무 낡아가고 있음을 알아챘을 땐, 이미 나는 기민하게 대처할 줄 아는 사람이 되어있었다. 이름을 들어도 더 이상 격동하지 않았다. 너는 시절이란 이름으로 치환되었고, 등가교환된 외로움은 나를 이루는 구성으로 자리 잡아 시절과 함께 낡아갔다. 네 이름을 양분 삼아 이만큼이나 자랐지 벌써.

서랍을 닫는다. 오랜 시간 낡은 만큼 케케묵은 외로움은 종종 몸에 해롭게 작용하기도 했다. 몸이 좋질 않다. 한동안 며칠을 앓았다. 처방전은 누군가의 이름일까. 더 이상 부를 수 없는 이름이 내겐 많은데. 이럴 때 어떤 표정으로 일관해야 할까. 잘 모르겠다. 네게 좀 더 배웠어야 했지. 돌아갈 수 없는 시절들이 자꾸만 민낯을 바꿔가며 나를 바라보고 있다.

청춘

 우리는 줄곧 은유적인 표현을 즐겨 쓰곤 했다. 이를테면 안부를 물을 땐 잘 지내? 같은 말보단 너의 계절은 어디쯤이야? 묻고, 너는 잘 받아주며 아직도 겨울쯤이라며 곧장 답하는 형식이었다. 여전히 많이 추운 건지, 아직 봄은 시기상조이기에 겨울을 말했던 건지, 끝내 알 수는 없겠지만 너를 이해할 수 없던 것은 아니었다. 당장 그 질문에 온전히 나를 대입하더라도 비슷한 연유로 이내 겨울이라고 답했을 테니까. 그런 걸 다 제쳐두고서도 우린 전부터 꽤나 닮은 구석이 많았지.

 온 세상의 청춘을 여기 담았다는 듯, 호기롭고 위태로운 마음들을 뚝뚝 흘리며 길을 나섰던 지난날을 떠올린다. 그때의 너는 내가 좀 애처로워 보였나 보다. 신경을 끄고 살았던 감각들이 온통 너의 눈빛을 마주하고 있었다. 애써 외면하고 싶던 나약한 내면으로부터, 자꾸만 네가 했던 말들이 피어오른다. 아픔을 청춘이란 단어로 포장하지 말라는 말. 그 말이 왜 그리 아프게만 다가오던지. 네 앞에선 모든 풍파를 물리쳐 나가는 콜럼버스 같은 사람으로 비치고 싶었는데, 그게 잘 안됐나 봐 그땐. 네 앞에 설 때면 힘껏 보조개를 지어내다가도 이내 처연한 표정이 되었고, 너는 그 표정을 너무도 잘 알고 있는 사람인 듯했다. 괜찮은 사람처럼 보이는 건 생각보다 쉽지 않아서, 솔직하지 못했던 나는… 도무지 너를 볼 낯이 서질 않았다. 이제는 좀 괜찮아질 때도 됐는데.

온통 겨울이었던 우리를 생각한다. 그 겨울 어딘가엔 우리의 발자국이 진하게 남아있을 거라 믿는다. 다정한 형태로 자리매김한 나란한 발자국, 필시 우리에겐 슬픔조차 서로를 위했던 다정함의 산물이었을 거라고. 내 세상은 온통 겨울이었기에, 네가 정말 따뜻한 사람이었단 걸 몸소 체감한다. 그러니까 내가 하고 싶은 말은,

그때 내 곁에 있어 줘서 고마워.

이런 마음들이 흔적도 없이 모두 녹아내리는 날,
 우린 그제야 잡고 있는 겨울을 놓아준 채 봄을 말할 수 있을 것이다.

결말

  이것은 사랑의 과정인가요. 그게 아니면 다가올 마지막을 대비해 기억되고 싶은 사람으로 남을 수 있도록 몸부림을 치고 있는 과정인가요. 훗날 기억에 남게 될 순간들을 담담하게 만들고 있는 것뿐인가요, 아니면 그 모든 찬란했던 순간들을 그저 무색하고 담담하게 새기는 과정인가요. 무릇, 당신에게 기억되는 사람으로 남고 싶다는 마음은 그저 나의 커다란 욕심이었을지도 모르겠습니다. 가끔씩 그 모든 게 이미 정해진 결말이었을 수도 있겠다는 생각이 스칠 때마다, 어쩐지 나는 울적해진 마음을 감출 수가 없었습니다.

시간

  불현듯 너무 멀리 와버린 것 같은 느낌이 들 때가 있다. 어디서부터, 얼마큼 멀어졌는지도 모르면서. 막연한 불안을 머금은 채 묵묵히 걷는다. 그렇게 혼자 걷다가, 가끔씩 외로워지면 뒤를 바라보며 스쳐 간 인연들에게 손을 흔들기도 했지. 잘 지내라는, 우리 언젠가 꼭 행복해지자는 안부를 남기며 떼어지지 않는 발걸음을 힘겹게 돌린다. 그것은 삶의 일부를 채워준 고마웠던 이들과의 작별. 시절은 짙게 남아있지만, 그 모든 게 마지막이었다는 걸 나는 잘 알아. 더 이상의 추신은 없으니 다시 걷는다. 분명 행선지를 향해 가고 있다고 생각했지만, 나는 그저 정처 없이 표류하고 있던 것일지도 모르겠어. 고개를 돌려보니 시간은 무심하게도 흘렀다. 어쩌다 여기까지 와버린 건지.

결로현상

 그는 내가 아는 사람 중에서도 가장 외부와 내부의 온도가 다른 사람이었다. 그런 추위는 도대체 어떻게 버티고 있는 건지. 밤에 잠은 잘 자고 있는지, 좀 처량하게 웅크리며 잠을 청하고 있는 건 아닌지, 보다 보면 안타까울 만큼 그의 세상은 온도가 너무도 낮았다. 그럼에도 그는, 여전히 따뜻했다. 누군가의 마음을 따뜻하게 덥혀줄 만큼의 온기를 머금고 살 줄 아는 사람이었다. 필시 그의 다정은 거기서부터 나온 것일 테지.
 그런 그가 너무 걱정되는 날이 있다. 외부의 온도와 내부의 온도가 눈에 띄게 차이 나는 날에는, 필히 결로현상을 조심해야 한다. 차가운 세상과 따뜻한 그 사람. 마음에 곰팡이라도 피어나게 되면 내가 너무 슬퍼질 것 같아서. 그러니 다 썩어 문드러지기 전에, 바깥이 너무 차갑게 느껴지는 날에는 나를 부르라고. 내가 당신의 세상을 조금이나마 따뜻하게 해주겠다고 말하고 싶었지만, 그는 평소와 같은 다정한 미소만 보일 뿐이었다. 단 한 번의 불빛조차 꺼뜨린 적 없는 사람처럼. 눅눅하지만 따뜻한 사람. 그런 온기는 여태껏 어떻게 간직할 수 있었는지. 세상은 이렇게나 추운데, 그런 무해한 웃음을 지으며 너는 내게.

아, 내가 어떻게 너를 사랑하지 않을 수 있겠어.

안부

 한 번쯤은 안부를 묻고 싶었습니다. 잘 지내냐고, 그동안 어떻게 지내고 있었냐고, 그때의 나는 어떤 사람이었냐고, 혹은 어떤 사람이었어야 했냐고. 그렇게요. 수취인이 없는 편지를 우체통에 넣어버리듯, 그렇게 나의 물음 또한 도달하지 못한 채 묻혀버릴 것을 잘 알고 있습니다. 나의 물음이 답장을 기다리는 편지가 아닌 습작이 된 이후로, 꽤 많은 시간이 흘렀으니까요. 그래도 그저 한 번쯤은 묻고 싶었습니다. 닿지 못할 걸 알아도, 결국 달라지는 것은 아무것도 없다고 해도, 그냥, 한 번쯤은.

위로

 바람이 거세다고 구름이 부서지던가요. 아닐 겁니다. 다만 흘러가는 것뿐이죠. 늘 그랬듯, 모두 그렇게 지나갈 것입니다. 그 어떤 바람도 당신을 부수고 무너뜨리지는 못할 테니까요. 나는 그저, 가끔은 자신을 향해 불어오는 바람을 꼭 견뎌내고 이겨내려 하지 않아도 괜찮다는 말을 하고 싶었습니다.

행복해주세요

 행복하라는 말 있잖아요. 그거 원래 문법적으로는 성립이 안 되는 말이래요. 행복하라는 건 행동할 수 있는 문장이 아닌데 명령문의 형식으로 쓰였다는 게 이유죠. 성립이 되지 않는 문장이라도 굳이 성립시켜서 쓰는 걸 보면, 우리는 어쩌면 그 말이 정말 간절한 사람들일 수도 있겠다는 생각이 들어요. 그래서 오늘도, 말이 되지 않는 문장으로 당신의 행복을 빌어봅니다. 행복하세요. 부디 행복해주세요.

잘 가

　일상에서 자주 쓰던 단어들이 종종 낯설게 느껴질 때가 있다. 그럴 때마다 단어 하나에 발이 깊숙이 빠져버리는 나는, 온종일 그 단어만 곱씹어보곤 하는 거다. 어제까지만 해도 잘 가, 라는 말에 문득 빠져 쉽게 헤어 나오질 못했다. 잘 가 잘 가 잘 가.. 말 그대로 잘, 가라는 뜻이다. 잘이라는 부사가 어떤 함축적 의미를 담고 있는지 생각한다. 느낌은 좀 알겠는데, 정확히 무슨 뜻을 가지고 있을까 싶어 사전을 찾아보았다.

　1. 옳고 바르게
　2. 좋고 훌륭하게
　3. 익숙하고 능란하게

살면서 잘이라는 부사를 얼마나 많이 붙이고 살았을까. 그 모든 잘, 들이 누군가의 안녕을 바랐다는 사실을 부정할 수 없다. 그냥 가는 것보단 부디 잘, 가라고. 나를 떠나는 이에게 건넬 수 있는 최소한의 축복이었던 거다. 나름의 의미가 담겨있으니, 잘 떠난 이들이 좀 행복했으면 좋을 텐데.

그 애와 헤어지던 날을 생각한다. 우린 그날 잘, 이란 부사를 서로에게 얼마나 많이 붙여주었는지. 앞으로도 잘할 거야, 잘 살아, 잘 지내야 해, 잘 가… 새삼 우리는 서로의 안녕을 덕지덕지 붙여준 채 서로를 보냈구나. 그 흔한 말들이 지금에 와서야 이렇게 크게 다가온다. 그러니까 나도 이젠 좀 잘, 지내야지. 더는 나의 축복을 빌어준 사람 때문에 울거나 그러진 말아야지. 그러다가도 단어 하나에 이만큼이나 허우적댄 내 모습이 좀 멋쩍게 느껴지기도 한다. 실상은 그저 흔히 쓰이는 말 중 하나에 불과할 뿐인데.

# 모래성

 모래성을 쌓아놓았어요. 당신이란 파도를 견딜 최후의 수단이죠. 나는 준비되었습니다. 곧 물보라가 치겠지요. 누군가 그러더군요. 고작 그 조그마한 모래성으로 파도를 막을 수 있겠냐고, 결국 모든 게 휩쓸려버리고 말 것이라고. 알고 있었습니다. 하지만 그저 웃어버렸어요. 가끔은 꼭 이겨내지 않아도 되는 일이 있는 법이라서요. 나는 그렇게 당신을 맞이할 것입니다. 그냥 휩쓸려버리자고요. 온 힘을 다해도 당신만은 도저히 어쩔 수 없었다는 듯이, 기억을 맴도는 그 웃음을 떠올리며. 그렇게 당신과 함께.

푸념

 나는 여전히 바보였다. 당신이 조금씩 다가오고 있음을 느낄 때, 우선은 거리를 계산하고 당신의 표정을 살폈다. 너무 부담스럽지는 않을까, 이 정도쯤은 괜찮을까, 별의별 생각을 다하며 당신이 내게 보여준 사랑의 부피를 재고, 그에 맞춰 행동하며 딱딱 들어맞는 사랑의 등가교환을 원했다. 가끔은 기대만큼 크지 않은 당신의 사랑에 실망하는 일도 부지기수였다. 딱 그만큼의 사랑이었냐고, 나는 당신의 사랑에 보답해 더 커다란 마음을 준비했는데, 내게 보여준 당신 마음의 부피는 겨우 그 정도밖에 되지 않았었냐고. 가끔은 나의 마음만 너무 커 보여서, 혼자만 당신을 끌어안고 있는 기분이 들기도 했다. 그럴 때마다 나는 우리의 사랑이 불공평하다고, 사랑이 원래 이런 거냐고 혼자 푸념하며 정처 없이 거리를 배회하는 날들이 많았다.

많은 인연들을 보내고 난 후에야 깨닫게 되는 것이 하나 있다. 그것은 사람과 사람 사이에서 사랑을 할 때, 가장 중요한 것은 사랑의 부피가 아닌 조그마한 사랑이라도 서로에게 전달하고 싶어 하는 그 마음이었다는 것. 사랑을 함에 있어 약간의 계산은 여전히 필요하겠지만, 서로에게 사랑을 전달하고 싶어 하는 그 마음만으로도 제법 괜찮은 사랑을 할 수 있다는 것을 나는 왜 몰랐을까. 눈 내리는 겨울의 풍경을 찍어 그 사람에게 보내고 싶은 마음. 옷맵시가 흐트러졌을 때 제대로 고쳐주고 싶은 마음처럼 정말 사소하고도 간단한 마음이었는데. 돌이켜보면 이만큼의 마음을 정말 많이도 받았었는데 말이다.

 비록 사랑은 떠났지만, 그들이 내게 남겨둔 마음은 차고 넘쳤다. 물끄러미 보다 보면 괜히 울적해져 비워내려고 애써온 그들의 옛 마음들을 이젠 간직해야겠다고 다짐해 본다. 기억해야지, 내게 사랑을 주었던 사람들을. 나는 여전히 바보 같겠지만 그보다 더 바보 같았던 어린 날의 모습이 있었으니. 그러니 기억해야지. 잊지는 말아야지.

 # 하물며 당신이었습니다

　아주 짧게 스쳐 간 인연이었을지라도, 이제 더는 볼 수 없다는 말에 마음이 덜컥 내려앉고는 합니다. 하물며 당신이었습니다. 스쳐 간 인연조차 쉽게 보내지 못하는 마음이, 마음속 깊이 자리 잡은 당신의 부재를 쉽게 인정하지 못합니다. 다만, 어쩔 수 없다는 것쯤은 이젠 잘 알고 있습니다. 세상이 무너진 듯 주저앉아버린 그때와는 달리, 이젠 제법 담담하게 슬퍼할 수 있게 되었습니다.

그리움

  일정량의 그리움이 채워지면, 그리움의 주체는 서서히 희미해지곤 한다. 그러다 그리움이란 감정이 두고 간 잔재만 마음에 남게 되는 날이면, 우리는 숱하게 길을 잃는다. 껍데기만 남은 그리움, 그러나 결코 가볍지만은 않았던, 견뎌내었던 마음과 애써 머금고 있던 기억들은 기어이 게워 내고 말았는지. 이제 다시 가야 한다. 갈림길이 많다. 뒤를 보았던 시선은 앞으로. 종착지가 보일 때쯤에야 나는 그 애를 완전하게 잊었다고 말할 수 있을 것이다.

비

  비는 아침까지 이어졌다. 멍하니 창밖을 바라보니 새벽을 말미암아 창가에 타고 흐르는 옛이야기가 너무 많다. 속절없이 떨어지는 그 물줄기들은 언제나 불가항력이라, 막아낼 생각보단 그저 흠뻑 젖어버리자고 마음먹는다. 예전에는 구차하다고 생각했던 것들이 이젠 제법 괜찮게만 느껴지는 게 재밌기도 하고.

  비가 내리면 청승맞게 추억하게 되는 사람. 누구나 한 번쯤 겪었을 법한 흔한 그리움이 내게도 있었지. 우중충한 하늘과 빗방울의 소리가 덜컥 뇌리에 스치면, 약속이라도 한 듯 그 애의 이목구비와 목소리를 떠올린다. 비와 너무도 밀접하게 연관된 사람, 예고 없이 왈칵 비가 쏟아지던 날 우산 하나를 나눠 쓰고 팔짱을 낀 채 동네를 활보했던 그 사람. 추억이 될 줄은 몰랐지. 언제까지고 연락을 주고받고 다정함이 깃든 안부를 전하며 지낼 줄 알았지만… 단방향적으로 서로의 안녕을 주고받은 채 불현듯 살고 있다. 비가 쏟아 내리던 날처럼 그렇게 불현듯.

  비는 생각보다 무심하고 잔인한 속성을 띤다. 그리고 그러한 속성 또한 오롯이 전이되어 나는 더욱더 그 애를 떠올릴 때면 비 오는 날의 풍경을 펼쳐 보이는 것일 테다. 구름의 입자가 끊임없이 서로 달라붙어 상승기류마저 견딜 수 없을 만큼 무게가 더해지게 되면, 그제야 구름의 무게를 막고 있던 모든 기류들이 두 팔 두 손을 다 들어 도저히 어찌할 방법이 없다는 듯 속절없이 빗줄기가 쏟아져 내리는 것이다. 우산을 챙기지 않은 사람이 갑자기 쏟아져 내리는 비를 막을 수 있을 리 만무. 속절없다는 표현이 이렇게나 어울릴 곳이 있을까 싶을 만큼, 도무지 막아낼 방도가 없었다. 한때 마음을 구석구석 빈틈없이 채워주었던 사람이 이렇게 불가항력으로 쏟아져 내리다니, 대비하고 있지 않았던 나는 흠뻑 젖어버리는 게 당연한 수순이었다. 한동안은 날씨가 개지도 않았지. 젖은 마음을 널어놓을 곳도 없어 그저 눅눅하게 살아내고 있다.

　해는 오늘도 뜨지 않을 거야. 아침이 올 때까지 흠뻑 젖어버린 나는 생각한다. 잘 지내고 있는 거지? 날씨가 흐릴 때도 좋을 때도 언제나 비가 내리는 것처럼 나는 눅눅하게 살고 있어. 그러다가 창밖에 정말 비가 내리는 날이면, 나는 그 눅눅함을 잊은 채 기억의 물줄기를 정면으로 받아내지. 비와 함께 속절없이 떨어지는 물음들이 발목을 적셔나갔다. 지금도 나는 여전히 젖고 있지만, 네가 담겨있는 시절의 기억들은 너무도 시원하기에 미소를 머금을 수 있다. 비와 눈물이 치환되는 날이 많았지만… 나의 빗줄기는 양면적인 성질을 가지고 있어 차갑고 시원하며 동시에 따뜻하다. 우산 하나에 둘이 몸을 맡긴 그날처럼.

그래, 속절없이 무너질 것만 같다가도 나는 이렇게 따뜻할 수 있다. 눅눅한 삶을 관조할 수 있는 매개체를 옛 시절에 두고 온 거야 나는.

그러니까, 나는 정말 괜찮아.

나 같은 거 다시는 생각지도 말고 잘 지내.

우리 내일도 힘내자

그렇게 해사한 미소를 띨 수 있던 너도 이런 날이 있구나, 퇴근길에 만난 민을 바라보며 생각했다. 애써 숨길 마음도 없어 보였던 그녀의 목소리엔 수분끼가 조금씩 묻어 나오는 것 같았다. "오늘도 고생했어. 한 잔하러 갈까?" 민은 내 제안에 응했고 우리는 가까운 선술집으로 향했다.

종종 그런 날이 있다. 마음속 깊이 잠가둔 볼품없고 형편없는 마음들이 슬그머니 볼멘소리를 내는 날. 그런 마음들은 대개 날씨의 영향을 받는다. 이런, 하필 오늘 비도 와버렸구나. 이렇게나 청춘인 우리를 잠식해 버리는 불안하고 우울한 마음들. 그 마음들이 오늘은 민에게서 조금씩 피어나고 있었다. 그럼에도 민은 정말 강한 사람이라서, 내일쯤 되면 다시 맑은 미소를 품고 다정한 인사를 건넬 거라는 것을 나는 알고 있었다.

먹구름 낀 하늘도, 속절없이 내리는 비도, 불현듯 울적함을 형성하는 그 모든 것들도, 민의 해사한 미소와 맑은 웃음을 가려내지는 못할 거란 걸. 어떻게 매일이 괜찮을 수 있겠어. 이런 날도 있는 거지. 잔을 부딪치는 횟수가 늘어가고 사소한 대화가 이어질수록 조금씩 민의 웃는 모습을 볼 수 있었다. 비유하자면 먹구름 속 사이사이로 쏟아지는 빛줄기 같은 웃음들. 웃는 모습 보니까 좋다. 그런 모습도 내게 보여줘서 고마워.

우리 내일도 힘내자.

다이빙

 사랑에 빠지다, 그리움에 잠기다, 같은 사랑과 관련 되어 통용되는 동사는 언제나 물과 관련이 있었구나. 생각한다. 사랑에 빠진다는 것은 일단 숨을 참고 온몸을 날려 수면 아래를 향해 있는 힘껏 뛰어드는 행위라는 것. 뒷일은 생각지도 않은 채, 유영하고 있는 내가 뭍으로 다시 돌아올 수 있는지 재볼 새도 없이 일단 뛰어들어 보는 것. 그렇게 사랑만을 바랐던, 사랑에 빠졌다가 수면 위로 끝내 오르지 못한 나는, 그리움에 잠길 때가 부지기수였다. 분명 사랑에 빠졌지만 유난히 강한 중력작용으로 인해 몸이 점점 가라앉아갈 때, 더 이상은 이 모든 게 사랑이라 불리울 수 없다는 것을 알게 되었을 때, 그러다 심해층 정도에 다다른 어떤 날이면, 나는 그리움에 잠겨 죽을 것 같아요. 라는 말을 스스럼없이 내뱉기도 하였다. 허우적거릴

수록 나는 더 깊고 낮은 곳으로만 향했고, 옥죄여 오는 그리움의 수압을 더는 견뎌낼 재간이 없었으니. 그 애 하나 곁을 떠났다고 죽을 리는 없겠지만, 불현듯 숨을 참듯 울음을 참아야 하는 날이 많았다. 몰아치는 그 애의 모습이, 죽을 만큼 그리울 때가 있었다.

말장난

 꽃과 바다를 보러 함께 떠나자고 말했던 당신을 기억합니다. 정확히는 당신이 습관처럼 말했던 꽃과 바다라는 단어의 어감을 떠올립니다. 우리는 한때 서로의 삶에 지쳐있었고, 항상 떠나고 싶다는 말을 입에 달고 살았습니다. 올해 겨울이 오면 동백꽃을 보러 함께 떠나자고 했던 말은 그 꽃 앞을 지나치는 나의 발걸음을 멈추게 만들고, 바다를 보러 함께 떠나자던 당신의 한마디에 겨울 바다의 소리와 시린 바람을 느낍니다. 고마웠습니다. 오랜 날들을 보내고 나서야, 꽃과 바다를 보러 함께 떠나자고 말했던 당신을 떠납니다. 이 모든 게 그저, 부질없는 말장난인 것처럼 느껴지기만 합니다.

 # 내겐 당신을 사랑하는 마음밖에 없습니다

　내겐 당신을 사랑하는 마음밖에 없습니다. 단지 그것 하나뿐입니다. 그 마음 외엔 어찌할 방법이 없기에, 나는 당신을 떠나야만 합니다. 나는 그것을 잘 알고 있습니다.

계절

 사랑을 나누던 그 시절에도 계절은 말없이 흘렀고, 당신의 부재에 아파하던 날들에도 계절은 말없이 흘러갔습니다. 행복할 때도, 아파할 때도, 무미건조하게 살아갈 때도, 그렇게 계절은 흘러갔습니다. 이번 계절도 늘 그랬듯 그렇게 떠나보낼 것만 같습니다. 그리워하려 떠올려봐도 더 이상 당신이 떠오르지 않습니다. 당신이 삭제된 낯선 계절이 옵니다. 여전히 낯설고 어렵겠지만, 그저 흘러갈 것만 같습니다. 아무 일 없던 것처럼 무심하고 담담하게, 조용히, 떠나갈 것만 같습니다.

문장의 힘

 문장의 힘을 믿는다. 낱말과 낱말의 반복, 살아가며 몇 번이고 눈에 담는 수백만 개의 문장들 속에선 꼭 폭설과도 같은 문장들이 하나씩 자리 잡고 있었다. 움푹한 발자국을 남기게 하는, 그런 순백의 철자들. 특정할 수는 없지만 그런 문장들을 잘 다듬어 네게 선물하고 싶었다. 가끔은 너도 내가 쓴 문장에 발이 오래 묶여있길 바랐다. 세상 모든 낱말들을 선별해 골라 가지런하게 나열하여 네게 보여주고 싶었다. 그걸 또 한데 모아 사랑으로 엮어내고 싶었다. 늘 울적함을 머금고 살고 있어도 너에게 전할 나의 문장만은, 사랑을 움푹 느끼게 할 단어들의 반복이고 싶었다. 그렇게 나를 떠올려주길 바랐다. 이젠 다 엉망이 되어버렸지만.

반추

　거짓말처럼 새벽이다 모든 사물이 명암을 낮추었는데 그제야 보이는 다채로움이 많네 그때 알았다 푸름이 짙어지면 새벽이 된다는 것을 살갗을 드러낸 옛것들이 어떤 푸르름을 고이 새기고 있다 찬란해질 준비를 하고 있는 것이다 반갑지만은 않은 시공간의 공유 저쯤 어딘가에 나는 여전히 잘 지내고 있는지 원체 무슨 색깔이었는지 까맣게 잊어버렸다 잊은 게 많은 나는 영영 잃어버리기 전에 그 무언가를 기억하려고 여력을 다하고 있다 헤집어진 속을 붙잡고 욱여넣은 옛것들을 반추하면서

핫팩

  그 겨울은 이미 잊어버렸습니다. 눈이 오면 떠오를 듯 아른거리는 장면들이 눈가에 번져가기도 하지만, 그저 입김처럼 흩어져버리는 것들이기에 다만 묻어두었습니다. 그러다 불현듯 한파가 찾아왔습니다. 방 안 구석 옷장에 깊숙이 걸어둔 잠바를 꺼내어 툭툭 털어 입고 길을 나섭니다. 올해도 지난겨울처럼 꽤나 추울 것 같았습니다. 바람은 차가웠고, 코끝이 시려왔습니다.

  주머니에 손을 넣어보니 다 식어버린 핫팩이 하나 있더군요. 지난겨울, 당신을 만날 때마다 하나씩 챙기곤 했던 핫팩이었습니다. 그러다 그만, 당신의 차가운 손을 생각하며 핫팩을 챙겨 방안을 나서던 지난 내 모습을 떠올려버렸고, 나는 온기 하나 없는 그 핫팩을

손에 쥔 채로 한참을 그 겨울 속에 머물러 있어야 했습니다.

뺨을 스치는 바람, 입김, 쌓여가는 눈처럼 사라져 버리는 것들, 또 다 식어버린 주머니 속 핫팩처럼, 한철 따뜻했던 나도, 당신도, 우리가 만났던 겨울도, 시간이 지나면 아무것도 아닌 것이 돼버린다는 생각이 눈발과 함께 코끝을 스쳐 갔습니다. 울적해진 나는 발끝만 보며 고개를 떨구었고, 어딘가를 향해 끝없이 걸을 수밖에 없었습니다. 허술하게 사랑했고, 빈틈없이 아파했던 겨울이었습니다.

조금만 더 잘래요

조금만 더 잘래요.

요즘은 아무리 잠을 자도 피곤하고 무기력해져서요. 다가오는 아침은 불안하고, 할 일은 여전히 많아서 이렇게 누워있는 내 모습이 한심하게 느껴지기도 하지만, 이불을 마저 덮어쓰고 아무렇지 않게 다시 잠에 들래요. 아무 생각도, 아무 걱정도 들지 않게.

그렇게 시간은 더 흘러 창가에 밝은 햇살이 들어오는 정오가 되고, 나는 문득 눈을 뜨면 세상이 하얘졌으면 좋겠다는 생각을 해요. 꼭 다채로워야만 하는 게 정답은 아닌 것 같아서요. 그렇다고 단색으로 칠해버리는 것도 그리 행복할 것 같지는 않고.

사실 잘 모르겠어요. 어떻게 해야만 할지. 나만 이

렇게 슬프고 지친 건지, 모두가 다 그렇게 살고 있는 건지. 초점을 잃은 눈동자는 색이 바래가고, 사랑이란 단어는 낯설어진 지 오래되어, 이젠 모든 게 너무 어려워졌어요. 그렇게 나는 결국 도망을 가버리고 말아요. 참 바보 같지만, 아직까지도 세상을 마주하는 게 두렵고 피하고 싶은 그런 때가 있어서요.

 정말 미안해요.

 그러니까, 조금만 더 잘게요.

자라남의 방식

 사람마다 자라남의 방식이 다르다고 했다. 흔히 사랑을 먹고 자랐다는 말이 가장 많이 쓰이지만, 그 말을 더 깊숙이 파고 들어가 보면 각자 먹고 자란 사랑의 형태가 다르다는 것을 알 수 있다. 누군가는 연인의 해사한 미소에서 볼 수 있는 다정한 사랑을 먹고 자랐고, 누군가는 그 사랑을 지워내기 위해 몸부림쳤던 새벽으로부터 한 뼘씩 자라나고 있었다. 대게 일찍부터 초연함을 섭렵할 수 있던 이들은 후자에 해당한다. 온통 지난한 시절을 견디고 난 후에야 보일 수 있는 태도. 하지만 그들은 그것 또한 결국 사랑이었다고 말한다. 농도와 채도, 방향이 달랐을 뿐이라고.

 곱씹는다. 손톱이 한 끗씩 자라나던 지난 새벽으로부터, 나는 어떻게 자라났는지. 산재된 기억들은 너무도 반가웠고, 뒤따라오는 괴리감은 성장통 같은 거라 여겼다. 네가 줬던 사랑으로 벌써 이만큼 자랐어, 말하고 싶지만 다시는 그 애를 볼 수 없다는 걸 아는 것처럼. 단념을 전제로 사랑했던 누군가를 떠올리는 건 아직도 내겐 어려운 일. 베개피가 축축해진 새벽, 나는 여전히 자라나고 있고 너는 영영 오지 않을 것만 같아서, 오늘도 웅크린 채 잠을 청하고 있다.

성장통

  골몰한다. 어쩌면 몸에 분포된 성장판을 자극하는 건 각자가 겪은 몇 편의 이야기들이 아닐까. 생은 끊임없는 이야기의 반복이고…. 울먹이고 있는 이는 단지 성장통을 심하게 앓고 있는 것뿐이라고. 욱신거리는 무릎을 쥐고 며칠을 절뚝였던 유년의 우리들이 그랬던 것처럼. 그녀가 주저앉은 이유가 감정의 일보단 감각의 일에 더 가깝다는 것을 알아챈 나는, 그녀에게 해줘야 할 일들을 생각해 내느라 온 신경을 곤두세우고 있다. 무슨 말을 건네야 그 애의 통증이 조금이나마 가라앉을까? 어디서부터 어떻게 집도해야 할지. 성장통 같은 거에 펴 바를 빨간 약 따위 존재할 리가 없는데.

가끔 울먹이던 너는 얼마간, 이불 밖을 나서지 못할 만큼 짙은 성장통을 앓는다. 여력도 얼마 남지 않은 마리오네트 같은 무릎으로 어떻게 이만큼이나 버텨낼 수 있었는지. 구두를 고쳐 신고 거리를 나설 준비를 하는 너에게, 내가 해 줄 수 있는 건 많지 않지만, 그래도, 우리 벌써 이만큼이나 자랐는걸. 조금은 쉬어가도 괜찮을 거야. 다만 말해주고 싶었다.

-

 푸른 이름을 기억하려다가 내 속이 새까맣게 탔다 잿빛을 띠는 마음도 한때는 젊음을 태웠던 불꽃이었다는 걸 너는 아니 곱씹을수록 살갗이 빨갛게 부풀어 올랐다 이름은 여전히 푸르고 불꽃은 사그라들었고 여기저기 덥혀진 나는 네 이름의 무게를 가늠하다가 좀 지친 기색을 내비친다 한 줌 기꺼이 태워서 부를 수 있는 이름이라니 무겁기도 하지 농담처럼 무너졌다 바닥이 점점 보이고 있었다

사랑의 속성

 사랑 앞에서 곱씹는 게 많다. 이를테면 사랑의 방향성 같은 거. 저물어갈 순간은 우선 제쳐두고, 다가온 사랑에 갖추어야 할 자세나 태도 같은 걸 곰곰이 생각하게 된다. 사랑.. 사랑.. 가만, 이런 게 사랑이 맞나? 가끔은 그렇게 오래도록 생각하는 내 모습이 낯설게 느껴진다. 어릴 적엔 사랑이란 게 그저 단순하고 명료해 보여서, 너의 마음과 나의 마음만 잘 있다면 그걸로 된 거였다. 하지만 시간이 지날수록 사랑은 점점 복합적이고 유기적인 형태를 띠었다. 그러니까, 내가 곱씹고 있는 건 단순 명료하게 했던 사랑이 지나고서야 알게 된 사랑의 속성일 거였다. 저문 사랑으로부터 배운 게 좀 많지 내가. 프롤로그부터 한 땀 한 땀 공들여 적어야, 비로소 다가온 사랑이 위태롭지 않을 것만 같았다.

웃기지, 그때 우리가 영문도 모르고 했던 사랑이, 이렇게나 복잡하고 어려운 거였대. 믿겨져? 지난날의 너에게 말해주고 싶었다.

나의 문학

 문장에 깃든 이름이 몇 개 있다. 이목구비를 떠올리고, 목소리를 재현해 내고, 곳곳에 남겨진 모양새를 기억하기 위해 애써 연필을 쥐었다. 어떤 문장은 당신을 이만치나 투영시킨다. 나는 글을 쓰고 있었고, 몇 개의 시절을 떠올렸고, 당신이 뱉었던 낱말들을 주워 담았다. 시간처럼, 우리 사랑도 흘렀다. 물 같은 시간. 시간 같은 사랑. 결국 나는 주워 담을 수 없는 것들만 그렇게 쏟아버린 거지. 자음과 모음. 어근과 형태소. 문장과 낱말. 사랑이 저문 자리엔 그런 것들만 남았다. 건져내어 하나로 엮어내니 제법 다시 사랑의 형태를 띠더구나. 그러니까, 우리가 했던 게 사랑이었단 걸 입증해 내는 행위, 뭐 그런 거였다. 연필을 쥐고 다시 글을 내려야지. 행간과 여백을 신경 쓰며. 우리를 다시 사랑으로 엮으며. 그러나 영영 사랑일 수 없는 우리는, 나로 하여금 다시는 펜을 내려놓을 수 없게 만드는 것이다. 보다 더 잘, 사랑할 수 있었을 텐데. 푸념조차 이미 너무 늦어버린 거지. 계속 써 내려간다. 무력한 내가, 당신을 기어이 문장 속에 남겨놓는 일. 나의 문학이 전부 당신이었구나 싶어서.

유통기한

  날것이 아니면 조금 더 나중에 먹어도 괜찮지 않겠냐는 말에, 어떤 이는 사랑만큼 원초적인 날것이 이 세상에 존재하느냐고 답한다. 언제든 떠날 수 있다는 말은, 관계가 정립된 날짜로부터 날인된 유통기한이 존재한다는 것. 폐기 처분된 사랑을 일일이 선반 위에 쟁여놓을 수도 없는 노릇이다. 날인된 철자는 끝무렵을 연상케 하고, 결국 끝이 도래할 거란 사실이 자꾸만 사랑을 체념하게 하고 있다.

언어유희

 사랑은 사람을 살게 만든다. 언어유희처럼 느껴질 수도 있는 이 문장이 생애 나를 몇 번이나 구원했는지. 사랑만 있다면 나는… 이라는 말을 거리낌 없이 구사하게 되었다. 결과 품처럼 다정한 단어들의 뒤로 무른 복숭아 같은 사랑이 자리 잡는다. 음, 사랑이 자리 잡았고 자리 잡은 건 분명 사랑이 맞는데, 이걸 어떻게 전달해야 할까, 당신을 사랑해 같은 진부한 문장 말고, 좀 더 은유적인 모양새를 갖추면서도 직설적으로 마음을 건네고 싶었는데.

 사랑해, 이 말을 넓게 펼친다.

 역시 사랑은 포괄적인 개념이니 그 안에 집합처럼 구성되어 있는 명료한 것들부터 곱씹기로 한다. 이를테면 움푹 파인 보조개와 식빵 같은 볼, 푸석하고 달콤한 입술 같은 거. 셀레야 셀 수 없는 수많은 그 요소들이 결국 당신으로 귀결된다는 게, 역시 사랑이란 단순하면서도 우주만큼 신비로운 거지. 모든 사랑의 집합체 같은 당신을 사랑이라 부르지 않을 도리가 없다. 켜켜이 포개놓은 다정들이 모여 당신을 이루어가고, 그런 당신을 사랑하는 것은 어쩌면 불가항력이란 생각이 드는 요즘.

  사랑은 사람을 살게 만든다. 사람을 살게 하는 사람을 나는 사랑이라 일컫는다. 언어유희처럼 느껴질 수도 있는 이 문장이 생애 나를 몇 번이나 구원했는지.

수미상관

  끝이 간결하지 못한 글은 늘 아쉬움을 남긴다. 몇 번의 퇴고를 거쳐도 영 쉽지 않은 일이다. 끝의 모습으로만 기억되는 게 세상엔 많다 보니, 매번 좀 더 간결하고 정돈된 문자들로 마지막을 장식하고 싶어진다. 이번에는 어떻게 매듭지어야 할까, 매 문장에 맞는 종결어미가 정해져 있는 것처럼, 글을 수월하게 종결시키는 몇 개의 공식을 곰곰이 떠올린다. 결국 매번 선택하게 되는 게 수미상관이다. 첫 문장과 끝 문장을 다시 반복하는 문학적 구성법. 안녕으로 시작한 글을 다시 안녕으로 매듭짓는다. 그렇다고 맨 앞의 문장과 끝 문장의 느낌마저 같을 수는 없어서, 다시 안녕을 말해야 하는데, 처음과 같은 안녕을 내뱉을 수 없다는 건 매번 애석한 일이다. 그럼에도 문장을 끝내야 하는 나는, 기어이 그동안의 서사를 압축시켜 매듭을 지어내고야 마는 것이다.

 다시, 어떻게 매듭지어야 할까, 사랑을 하는 일과 글을 쓰는 일은 여간 일맥상통한 부분이 많아서, 흐릿해지는 끝무렵을 경계하게 만든다. 우리 끝이 그래선 안 됐었는데. 여태 정성껏 재단하며 적어 온 무수한 서사들이 다 부질없어지고 있다. 매번 잘 써내기 위해 되뇌던 것들은 자꾸만 의미를 잃어가고, 퇴고할 수 없는 사랑은 영영 그런 사랑으로만 남을 준비를 한다. 더 나은 사랑을 적어낼 것을 다짐하다가도, 나는, 그 사랑이 왜 그리도 아쉽게만 다가오던지.

일기장

  몇 해 전 적었던 일기장을 펼친다. 한 이름을 찾고 있다. 자음과 모음을 면밀히 살피며, 넘겨지는 페이지의 날짜를 확인한다. 이쯤이었나, 아니 조금 더 앞으로, 앞으로.. 펄럭이는 종잇장 뒤로, 밤마다 새겨온 그리움들이 오랜만에 볕을 본 잎사귀처럼 활개 치고 있다. 그리워하기 위해 그리움이 축약된 산물을 고스란히 펼치는 순간. 적당히 그리워하다가, 다시 돌아와야지. 이젠 '적당히 그리워하다'라는 문장을 서슴없이 적을 수 있을 만큼 무색해진 그리움이 많다. 그리움의 정도를 스스로 조절할 수 있는 지경에 와버리기라도 한 걸까. 그럼에도 여전히 그리운, 소위 적당히 그리워할 수가 없는 시절을 추려내고 있다. 어떤 심연 속에 몸을 던지려 마음이라도 먹은 듯이.

묵음

 묵음이란 글자 상에선 표기되지만 실제로는 발음되지 않는 소리를 뜻한다. 자연스럽게 묻어가는 소리, 발음하지 않아도 또렷이 전달되는 소리, 그러나 아예 제외시키기엔 음절이 가지고 있는 뜻이 영 달라져 버리는 것이다. 몇 번의 사랑이 그랬다. 마음 하나를 발음하기 위해 지새운 수많은 밤들이 무색할 만큼, 나는 자주 사랑 앞에 묵음이 된 채 놓여지곤 했다. 그때는 어떤 마음 하나 없이도 기어이 사랑을 발음할 수 있을 줄만 알았는데, 지나고 보니 그건 온전히 사랑이었다 말할 수 없을 것만 같았네. 묵음이 빠진 우리의 낱말들은 더 이상의 효력을 갖추지 못한다. 남은 건 마치 사랑일 것만 같았던 뜻 모를 철자들의 반복. 언젠가는 퇴고해야 할 문장들이 지난 사랑 앞에 널브러져 있다. 주워 담기엔 너무 늦어버린 것 같아. 사랑을 발음하기 위해 남겨둔 모든 철자들을 있는 힘껏 뱉어냈던 나와, 그런 나의 몸짓을 애석하게 바라보았던 너. 유난히 까맣던 밤을 기억한다. 너는 그 밤을 기억하니. 묶음 처리된 존재의 낯빛 같은 건, 구태여 기억되고 싶지 않았는데.

그러나 기억해야 할 것은

　마냥 어리지만은 않은 나이가 되었다. 이젠 한 꿋씩 자라났던 밤들을 일일이 수놓을 수 없다. 클수록 알게 되는 세상은 넓고, 알게 된 만큼 나는 다시 작아지고 유약해져만 갔다. 이 이상한 상관관계는 나를 자주 어린아이로 퇴행시켜 놓는다. 알수록 더 많이 알고 싶었고, 더 많이 알수록 나는 세상으로부터 점점 소실되어 가는 셈이었다. 몰아치는 것들에 쉽게 휩쓸려 나갈 만큼, 아주 작고 보잘것없는 모습으로.

　작아지는 날엔, 자꾸만 뒤를 돌아보게 된다. 시선과 발걸음의 방향이 같았던 날들을 훑다 보면 뭐랄까, 분명 잘 나아가고는 있는데, 지니고 있던 소중한 것들을 많이 잃어버린 듯한 기분이 되곤 했다. 난 어느새 이만큼 와있는데, 언제, 그 무엇을, 어디에다 두고 온 건지. 그게 뭐든 이젠 찾을 수 없다는 걸 잘 알아서, 두고 온 게 많은 나는 지난날의 시선들을 자주 곱씹는다. 원체 그리움이란 자국에서 파생되기 마련이라, 그럴 수 있었고 그랬었던 지난날의 모습들을 자꾸만 회상하게 되는 것이다. 아직 여전히 그럴 수 있고, 할 수 있는 게 많다는 나이라는 것을 잘 알면서도.

어린 날의 습관처럼, 입술을 잘근잘근 깨물며 생각한다. 나는 얼마큼 알게 되었고, 얼마만큼 작아져 있나. 세상은 어느새 이만큼 커졌는데, 이전에 머금고 있던 수많은 마음들은 당최 다 어디로 간 건지. 또 어떤 마음을 얼마나 어딘가에 두고 나아가게 되는지. 미간을 좁히며 골몰하고 있다. 의구심으로 범벅이 되어 버린 나는, 더 많이 알기 위해서 또다시 어딘가를 향해 걷는 수밖에 없다.

그러나 기억해야 할 것은, 그럼에도 여전히 자라나고 있다는 것. 한 뼘, 한 끗, 그저 손톱만큼씩만 자랐다고 해도 어제와 오늘이 동등하다는 등호는 성립되지 않는다. 알지 못하는 게 많은 만큼, 아직은 괜찮을 만한 것도 많다는 것이다. 그 사실을 망각해선 안 된다. 같은 풍경만이 반복되는 길이라도, 결코 제자리걸음은 아니었음을. 그러니, 우리의 자라남은 일생에 있어 멈추지 않는다는 사실을 기억하며, 묵묵하게 발걸음을 옮기고 나아갈 것.

속절없이

오랜 기억이다. 속절없이 허물어졌던 기억. 분명 사랑이었지. 목구멍에 박힌 잔가시처럼 이물감을 머금고도 괜찮다고 말하던 게, 패할 것 알면서도 전투에 뛰어든 병사처럼 의연하던 게, 그 역시 모든 게 사랑이었다고 말하며 고개를 끄덕인다. 다행이란 말은 안 할게. 패잔병은 말이 없고 가시는 그대로 굳어버렸네. 이젠 게워 내고 싶어. 나는 말했고 너는 영영 말이 없다. 이미 나를 통과한 건지. 너의 시절 어디쯤 멍한 표정으로 우두커니 서있을 내 모습을 상상한다. 묻고 싶은 게 많아. 언젠가 나를 발견하면 한 번쯤 말을 걸어주겠니. 욱여넣은 말들에 속이 메스꺼웠다. 그때 했던 사랑 반쯤 쪼개어 나눠 가지기로 약속했었지. 보존은 내가 잘 못해. 실온에 놔둔 과일처럼 쪼그라든 모양새가 제법 엉망이다. 어떡하지 이거. 나는 말했고 너는 영영 말이 없다. 속절없이 허물어졌다. 구 할은 네 탓이라 여겼다.

사는 일

 나사를 몇 개쯤 빼놓은 채 지내고 있다. 조여왔던 마음을 헐렁하게 놓아두었다. 전에 챙겨 먹은 끼니가 어제의 것인지 오늘의 것인지, 자꾸만 기억 저편에 것들을 기억하려 하지 않으려고 한다. 매번 추억하기 위해 남겨두었던 것들이 되려 나를 달력 속에 남겨두곤 하니, 얼마간 나도 모르게 학습이 되어버린 것이다. 일종의 자기 보호인 셈. 기억하지 않으려고 한다는 말은, 바꿔 말하면 잘 잊어버리려 한다는 말로도 치환할 수 있다. 기억하지 않기 위해 잊어버리는 것, 잊어버리기 위해 기억하지 않는 것. 그러다 보면 영영 잃어버리는 기억의 부산물 또한 필연적으로 생겨날 텐데. 염두에 두지 않았던 것들은 더 이상 나를 이루는 구성요소가 될 수 없지만, 문제는 잊어버려선 안 되는 것들을 자꾸 망각하는 데에 있다.

나를 이뤄왔던 것들을 이미 많이 잃어버린 나는, 종종 그게 무엇이었는지 생각한다. 보다 더 다정했던 미소, 말끔한 머리카락과 호기로운 청춘의 마음, 그리고 당신. 떠난 당신이 그중 구 할쯤을 채운다는 게 애석한 일이지. 그때와 같이 살갑게 이름을 불러줄 당신이 존재할 리 만무한데, 그 사실을 쉽사리 인정하지 못하고 있다. 그것 또한 여전히 내 세상의 일부라는 듯이.

엔딩크레딧은 이미 오래전에 올라갔는데, 자꾸만 등장인물들의 이름을 곱씹는다. 정말 다 잊고 나면 기억 속 당신은 내게 어떤 표정을 지을까?

반파된 마음을 붙잡는다. 당신이 온전히 떠난 나를 상상하는 것은 여전히 시기상조인 것 같아서, 주위에 널린 빠진 나사들만을 물끄러미 바라보다가… 다시 어딘가를 향해 걸었다. 이름 모를 체념을 수반한 채, 나였던 것들을 다시금 되짚어보면서.

여전히 잃어버려선 안 될 것들이 초저녁의 바람과 함께 어딘가로 휘발되어 가고 있다.

춘래불사춘

  근래 잔병을 치르는 일이 조금 늘었다. 언제부턴가 외부 요인에 의존하고 있음을 느낀다. 영양제로 필수 영양소를 채우고 잠을 푹 자는 대신 아침저녁으로 커피를 마신다. 그러다 보니 내부에선 힘을 잃어가는 느낌이다. 다음 하루를 살아가는 힘 같은 게 갈수록 침식되어 가고 있다. 내가 나를 지탱할 힘이 사라지니, 더 많은 요인을 외부에서 들여올 수밖에 없게 되는 것이다. 그런 건 마치 차곡차곡 쌓아놓은 빚과도 같아서, 훗날 어떠한 형태로든 나의 부분을 앗아갈 거란 걸 잘 알고 있었다. 내가 나를 잃어버리면, 그때는 나라고 부르기도 조금 어색해지는 지경에 이르는 거 아닐까. 나는 나를 점점 잃어가고 있는데, 시간은 흘러 어느덧 밤과 낮의 길이가 같아지는 춘분에 다가서고 있다.

한동안 쏟아져 내리던 봄비를 바라보며, 나는 영문도 모르고 조금 슬펐다. 슬픔은 대개 수분의 형태를 띠고 있고, 무언가를 잔뜩 머금고 있는 사람을 보고 있자면 꼭 금방이라도 눅눅해질 것 같은 기분이 드는 게, 어쩌면 슬픔이란 건 수분처럼 입자를 통해 전파되는 건 아닐까 생각한다. 그런 의미에서 나는 매 순간 최선을 다했었지. 원체 머금고 있는 게 많은 인간은 어떤 방식으로든 그것을 몸 밖으로 내보내기 위해 여력을 다한다. 가장 통용되는 방법은 눈물. 온갖 슬픔의 결정체인 눈물은 몸을 다시금 건조시키는데 일조하니까. 슬프고 우울할 땐 아예 울어버리고 밖으로 나가 좀 뛰라고 말하던 게, 다 이러한 연유일 수도 있겠다는 생각을 하며 고개를 끄덕인다. 별안간, 울어선 안 되는 날이면 많이 뛰어다니곤 했지 내가.

 사람의 감정과 계절의 일은 유기적으로 연결되어 있다는 사실을 믿어 의심치 않는다. 가을과 겨울, 밤과 새벽이 그렇게 울적한 이유는 세로토닌이라는 성분 때문인데, 일조량에 따라 분비되는 양이 다르다는 특징을 가지고 있다고 한다. 낮이 짧은 가을과 겨울, 햇빛이 없는 밤과 새벽이 그렇다는 것이다. 그저 자연스러운 현상이라는 것이다. 단지 그것뿐이다. 당신에게 할애한 내가 많았으므로, 당신이 떠날 때 나는 나를 이미 많이 잃었다. 반쪽짜리 나로 버티기엔 몸이 온전하지 못했던 것뿐이다. 그러니 아직은 괜찮다. 마주한 춘분, 곧 밤보다 낮이 더 길어진다. 볕을 좀 쬐고 싶었다. 만개한 꽃들의 색을 눈에 담고, 싹을 틔운 새싹처럼 다시금 한 뼘씩 자라나길 소망하고 있다.

구원

 사랑하는 이들의 목소리는 종종 구원처럼 느껴진다. 구원, 그렇다면 나는 지금 구원이 필요할 만큼 절체절명인 상황 속에 있는 걸까? 문득 그런 식으로 생각은 이상하게 꼬리를 문다. 어쨌거나 세상은 누구에게나 갑갑하게 다가오는 속성이 있어서, 나도 모르게 동아줄을 찾아 두리번거리게 된다. 불현듯 나를 살게 하는 수많은 요소 중 하나가 바로 그 목소리였던 것이고.

 음절 하나하나에 사랑이 뚝뚝 묻어 나오는 누군가의 목소리를 듣고 있자면, 언젠가 대가 없는 사랑을 듬뿍 받고 자랐던 어린 시절의 모습이 된다. 그때는 몰랐지. 맹목적인 사랑이 발현되기 위해선 수많은 마음들이 필요하다는 것을. 그 마음들조차 온전히 사랑하나에 종속되지 않는다는 게, 역시 어렵다. 상처받기 일쑤고, 숯처럼 새까맣게 탄 마음 또한 적지 않게 생겨난다. 쉽지 않다. 말하자면 사랑은 힘겨운 것이다. 비로소 그런 사랑을 받아먹고 자란 사람이기에, 훗날 살아가다 마음에 상처를 입더라도 회복할 수 있는 힘을 가질 수 있게 되는 것이다. 생애 가장 찬란했던 순간 하나만으로 평생을 살아가는 사람이 있듯이.

내 목소리도 누군가에게 구원이 될 수 있을까.

봄밤의 꿈처럼 다정했던 목소리. 사랑만 있다면 나는, 여전히 살아갈 수 있음을 느끼며 간직하고 싶은 것들의 목록을 복기한다. 살랑거리는 커튼 사이로 봄바람이 살갗을 스쳤다. 고맙다는 말을 하고 싶은데, 더는 그 말을 건넬 수 없게 된 인연들이 많구나. 밤은 짧고 그들은 너무 넓어서. 고마워, 고마워, 안녕, 안부를 건네다가도 이젠⋯.

꼭 잘 지내야 해. 이내 작별을 건네는 새벽, 고마웠던 밤들을 나열하다 보니 시간이 벌써 이렇게나 흘렀다. 살아갈 울림을 품속에 남겨둔 채 짙어지는 새벽녘으로부터 나는 달콤한 꿈을 꾼다.

*

간밤에 미열을 조금 앓았다.

정리

자주 바다를 찾는다는 말을 들었습니다. 좋은 것만 담아두고 가세요. 몰아치는 파랑과 포말의 속성은 꼭 지난날의 우리 모습을 투영시키므로, 그저 사라지게 두어도 괜찮습니다. 어디서부터 어떻게, 왜 그렇게 되었는지, 명확한 인과관계 같은 건 이제 그만 묻어두고 가세요. 예뻤던 기억들만 정갈하게 정돈해서 잘 간직해 주세요. 당신은 부디 윤슬만을 기억하며 살아가세요.

행간

 누군가의 행간으로부터 숨겨진 감정을 도출해 내는 일이 종종 있다. 말의 간격마다 느껴지는 호흡과 어조, 음의 높낮이 등을 신경 쓰며 대화를 나누다 보면, 그들의 숨겨진 속마음 같은 게 간혹 짐작되기도 하는 것이다. 한 번쯤 묻고 싶었다. 너는 어떤 하루를 살아가고 있는지. 어떤 삶을 살고 있기에, 말끝마다 그렇게 수분이 뚝뚝 묻어 나오는 건지. 그저 슬픈 말을 잘하는 사람이거나, 혹은 정말 슬픈 사람이거나.. 무엇이 되었든 슬픔의 연쇄를 끊지 못한다는 사실은 변함이 없기에 그저 고개만 떨굴 뿐이었다. 물먹은 종이처럼 말끝마다 묻어 나오는 눅눅함이란 거. 그런 건 너무 잔인하잖아. 뭉개지는 발음으로부터 짐작할 수 있는 처연함에, 나는 그 애의 눈을 똑바로 바라보질 못했다. 이내 물었다. 너는 어떤 마음을, 얼마나 죽이며 살고 있는 건지. 답은 들려오지 않았고 너는 다만 조그맣게 웃어줄 뿐이었다. 감싸둔 슬픔이 전이되지 않도록. 나는 그 모습에 되려 슬펐다.

아이러니

어떤 기억은 쉽게 발색된다. 순백으로 칠해놓은 시절 말고, 좀 밝고 환한 색깔로 채색해 놓은 시절들은 허무할 정도로 쉽게 변해버리고는 하는 것이다. 그 애를 사랑했던 시절을 노란색 정도라고 가정해 보면, 지금 기억 속에 우리는 주홍색 비스무리한 색깔을 띠고 있을 거였다. 행복했던 시절이 무색할 만큼 상실의 공백을 채워내는 시간이 너무 크게 느껴지던 탓이다. 내 세상을 다채롭게 채워주었던 사람을 그렇게 떠올리는 건 여전히 아이러니한 일. 잠들지 못하는 새벽, 나는 네가 주었던 사랑의 색깔을 떠올리기 위해 오늘도 발색 된 시절만을 멍하니 바라보고 있다.

사랑 이후

  사랑의 행선지를 지나 이별의 과정을 거칠 때 나를 가장 괴롭게 만들었던 것은 상실의 아픔이었습니다. 마음을 열면 한때 사랑했던 사람이 빠져나간 커다란 공백이 여러 곳 있었는데, 나는 그 공백을 채우지 못해 몇 날 며칠 오랜 밤을 짙은 허기를 느끼며 지새우곤 했습니다. 뭐라도 채워야 하는데, 한동안은 게워내기의 반복입니다. 그 과정은 너무도 괴로웠기에 불현듯 사랑했던 이의 말끔한 모습을 그립게 떠올리다가도 너무 미워져 원망하기 일쑤고요. 정리되지 못한 채로 남겨진 사랑의 잔여물들은, 언제고 나를 뒤집고 속 쓰리게 하고 울렁거리게 만들었습니다.

  그 이후론 사랑이 찾아올 때면, 언제든 떠날 수 있다는 마음을 염두에 두고 사랑을 시작하곤 합니다. 더 나아가지 못한 사랑은 또 한 번 이내 저물겠지만, 나는 당신이 떠나는 순간이 와도 이젠 전과는 달리 제법 담담할 수 있을 것만 같았습니다. 그래서, 그때만큼 울어버리진 않겠구나 싶었습니다.

백색왜성

  서로의 어깨에 기대어 함께 수놓았던 별이 많았지. 그 별들이 시절의 편린쯤으로 전락할 때, 그 애의 눈동자에 담겼던 내 모습도 별자리의 모양새처럼 펼쳐졌다. 각자의 다른 모습들. 그러나 그 모습들은 궤도를 이탈한 소행성처럼 갈 곳을 잃은 채 부유하고 있었다. 나를 보던 그 눈빛의 정체가 연민이었다니, 애잔함을 수반한 눈으로 나를 바라보던 게, 또 뇌리에 박힌 몇 개의 그리움이 결국 나를 담았던 그 눈으로 직결되어 버리는 게, 어떤 찰나는 긴 터널만치 잊을 수 없는 지속성을 띠기도 하는 거였다. 나는 그제야 세상에 홀로 남겨졌음을 직시한다.

  긴 꿈이었다. 달고도 이루어질 수 없는 꿈. 분절되는 기억이 자꾸만 꿈에 나열되고, 나는 어린 날의 모습처럼 펼쳐진 풍경을 향해 달리는 상상을 한다. 어제는 우리가 같은 궤도를 나란히 도는 꿈을 꾸었어. 그거 말인데, 전생, 혹은 다음 생의 이야기로 편입될 수 있지 않을까. 꿈은 동음이의어의 속성을 가지고 있고, 비로소 나는 그 풍경을 영원의 꿈으로 삼는다. 더 이상 우리는 같은 궤도를 돌지 못하고, 너는 저 반대편 우주로 황망히 멀어져만 가네. 구태여 커다란 의미가 될 수 없다면, 네 머리맡에 맴도는 작은 이름이라도 되고 싶었다. 안쓰러운 낯빛과 시선들이 얽히고, 나는 외로움을 공전하는 행성이 될 준비를 한다.

그날 바라보던 별들을 가리키며, 우리는 닿을 수도 없는 곳에 대해 몇 번이고 주제를 바꿔가며 이야기를 나눴지. 백색왜성과 적색거성, 행성과 항성의 차이를 얘기하며 거기에 사랑 같은 애틋한 단어들을 대입시켰지. 우리 사랑은 백색왜성. 항성이라 확신하던 사랑은 잔해가 되어버렸네. 이곳은 이제 쓸쓸해. 부서진 채로 너무 오래 놓여있던 나는, 우리를 우리란 이름으로 우주 저편에 묻어두고, 손을 흔들며 안녕, 안녕, 한다. 많이 고마웠어. 앞으로도 잘 지내야 해. 얼마간에 단꿈에서 깨어난다.

사이렌

  빈은 시간을 갖자고 말했다. 5년의 시간 앞에선 타오를 듯한 사랑도, 언제든 건넬 수 있을 것만 같던 마음도 생각보다 쉽게 무색해지는구나, 싶었다. 나는 대꾸하지 않은 채 그녀의 커피잔만 멍하니 응시하고 있었다. 고요한 정적은 파도의 형태를 띠었고, 이렇게 몰아치는 순간에는 숨을 구석이 필요하니까. 어릴 적 혼나는 순간마다 벽타일의 문양을 관찰하거나 좋아하는 노래의 구절을 속으로 읊곤 했던 것처럼. 커피잔에 담긴 라떼의 흰색 하트 모양, 정갈하게 담겨있는 그 하트가 한동안 시선을 사로잡았다.

"내 말 듣고 있어?"
"응"
  우리의 관계는 수면 위를 부유하는 새들의 모습처

럼 잔잔하다가도, 자주 첨벙거리기 일쑤였다. 분명 마음만 굳게 먹는다면, 언제든 다시 잔잔해질 수 있을 거였다. 다만 그 과정에서 너무 많은 것들을 가라앉혀 버린 우리는, 일련의 과정 끝에 서로를 향했던 마음에 점차 회의감을 느끼기 시작했다. 그러니까… 이것은 우리가 이별을 해야만 하는 당위가 성립되기 충분하다는 뜻이라고도 볼 수 있었다. 그렇게 잔존하는 감정이 무슨 의미가 있겠니, 우리가 주고받은 사랑이 이렇게나 많이 가라앉아버렸는데.

침묵이 흐른다. 빈은 아무 말 없이 커피만 마시고 있다. 이번엔 물가를 걷는 이들에게 시선을 고정시켰다.

생동감 넘치는 완연한 청계천의 봄. 여긴 이만큼이나 냉전인데, 저긴 참 따뜻해 보여. 냉큼 뛰어 들어가 예전처럼 그들과 같은 구성원이 되고 싶었다. 강아지와 함께 산책하는 사람, 뛰어노는 아이들, 손을 맞잡은 연인들.. 공통점은 그들 사이에 자리 잡은 다정한 마음. 그 모습들은 너무 애틋해서, 자꾸만 우리 사랑의 역사를 복기시켰다. 그땐 매번 웃을 수 있었지 나도. 별도 달도 다 따줄게, 너만 옆에 있으면 세상이 두렵지 않아, 같은 진부한 문장들이 크게 와닿을 때가 내게도 분명 있었는데.

흠뻑 젖은 마음을 부여잡는다. 초침이 멈춰버린 것만 같았다. 무사히 지나갈 수 있을까. 어찌 보면 재난이라고도 볼 수 있다. 그게 무엇이든 얼마나 무너지게 될지 감도 잡히질 않는데.

켜켜이 쌓인 지층처럼, 우리에게도 몇 개의 갈피가 낀 역사가 있었다. 조금만치 엇나가도 세상이 무너질 것만 같던 나날들. 어떤 슬픔에 몸이 가라앉는 순간에도, 서로를 꼭 껴안으며 다시 잘해보자, 말하며 발걸음을 맞추던 날들이 그때의 우리에겐 있었다.

수평선을 바라보며 나지막이 읊조리던 기억.

간조가 시작되었어. 우리 이제 어떡하지.

침묵으로 일관할 수밖에 없는 물음은 어떤 의미도, 구색도 갖추지 못한 채 천천히 물가에 가라앉았다.

처음에는 해일이 몰려와 정신을 차릴 수가 없었지. 두 번째는 큰 파도쯤으로 느껴졌고⋯ 세 번째, 네 번째, 이어서 수많은 날들을 보내고 난 지금, 우리의 바다는 여전히 첨벙거리고 있다. 다만 예전처럼 소란스러운 파동을 수반하지는 않았다. 물보라가 몰아치기 직전의 바다처럼, 잔잔하고 고요했다. 속 한켠에서 사이렌이 울린다. 이대로라면 우리 모두 가라앉아버리고 말 거야. 태풍의 전조증상 같은 바다를 품고 있는 우리는, 하루라도 빨리 뭍으로 올라야만 했다. 감정의 소용돌이 속에서 구태여 생존할 수 있는 방법을 생각해내야 했다. 사랑의 생을 연명할 수는 없는 건지, 곰곰이 생각해 보았지만 정답은 나오지 않았다. 정갈하게 담긴 커피잔의 하트는 형태를 잃은 지 오래. 이제 남은 건 정말 이별뿐인 것 같아 빈아. 먹먹한 문장들이 허공을 맴돈다. 부서진 방파제 같은 마음은 도저히 그 몰아침을 이겨낼 자신이 없었다. 수면 아래 두고 온 게 너무나 많은 우리.

  그러나 이제는,
  각자의 뭍으로 돌아갈 준비를 해야만 한다.

속설

  언젠가 계절이 바뀐다는 말이 속설처럼만 느껴져. 돌아오는 계절을 다시 보낸다는 게, 영영 시간 속에 살 수는 없다는 걸 우리란 이름으로 깨닫기까지, 너무 많은 그리움들이 손끝에 묻었다 지워져 갔다. 언젠가 시간은 흐르겠지만 서로를 사유하던 감각만은 우리 잊지 말자고. 치기 어린 약속과 몇 개의 다짐들은 끝내 영속성을 띠지 못했구나. 그 무렵의 떠나보낸 약속들이 계절과 함께 찾아오고 있었다. 우리의 기억은 어떤 시간 속에 어떤 형태로써 자리매김되었을까. 우리를 우리로 얽는 것들. 점도와 점성 같은 건 이미 사라진 지 오래되었을 텐데. 묽어진 사랑은, 물처럼 무색해진 기억은 더 이상 내게 커다란 위해를 가하지 못한다. 그렇게 흘러갔다. 다시는 못 볼 테지 안녕. 우리였던 시간마저 이젠 속설처럼만 느껴져. 돌아오는 계절을 다시 보냈다. 손끝에 묻은 몇 개의 그리움들이 더는 생경하지 않았다.

그리고 다시 뒷모습

 가끔은 그런 생각을 한다. 내가 먹고 자란 게 사랑이었을까 연민이었을까. 어떤 생각을 피워내도 결국 보편적인 우울에 수렴하던 시절이었다. 관계를 맺는 일은 내게 얼마 남지 않은 물을 퍼내 주는 것만 같고, 말라비틀어진 마음은 영 불쌍한 모양새를 이목구비에 투영시켰다. 그럴 때마다 필요했던 건 수분. 늘 가득 채워진 사람이고 싶었다. 그 마음이 매번 나를 녹녹한 사람으로 만들곤 했지만.

 어쩌면 그랬다. 누군가의 뒷모습으로부터 비롯된 이야기들이 몸에 너무 많이 채워진 탓에, 마음은 물기를 머금은 행주처럼 쥐어짜면 짜낼수록 볼품없는 모양새를 취해갔다. 사랑이 머물렀던 자리가 이게 맞아? 자문했고, 이런 건 사랑이 아니지. 사랑이 아니었던 거지. 쉽사리 결론지었다. 아무렴, 어떻게 사랑이 그럴 수가 있어.

 다시는, 다시는 애인과 나란히 걷던 길에 홀로 남고 싶지 않았다. 고립의 속성이라는 게, 같이 걸을 땐 몰랐던 것들이 제자리가 되어서야 명료해진다. 그 애는 이만큼의 보폭으로, 그런 자세로, 주기로, 팔을 움직여 가며 힘차게 걸었었구나. 나는 모든 마음을 그 애를 사랑하는 데에 할애했기에, 쏟아낸 마음의 부피만큼은 사랑을 알 거라고 생각했는데, 나는 그 애에 대해서도, 사랑에 대해서도, 그 무엇 하나 제대로 알지 못하고 있었다. 이제야 조금은 알 것 같아. 사랑이 못 하던 것을 기어이 시선이 해낸다. 그리고 다시 직결되는 뒷모습.

 뒷모습이 눈에 어려. 나란했던 발자국이 가슴 깊숙이 굳어지기 전에, 서둘러 지나온 길을 적셔내야지 마음먹는다. 여전히 필요한 건 수분. 기꺼이 눅눅한 사람이 된다. 우리가 얼마큼 멀어졌는지도 이젠 잘 보여. 잘 가라는 말조차 너무 늦었지. 다시 원점으로. 반대로 걷는다. 우리 동행해 왔던 길이 꽤나 멀구나. 발자국을 적신다. 비로소 모든 게 선명해진다.

편지

  여백 위에 써 내려가는 문장만큼 조심스러운 것도 없다. 행여나 획이 삐뚤거리진 않는지, 맞춤법은 잘 맞추었는지, 앞에 쓴 문장과의 맥락은 잘 맞는지, 이런 걸 신경 쓰다 보면 어느새 실수하지 않기 위해 철자 하나하나에 공들이고 있는 나를 발견하게 된다. 카카오톡이나 문자 같은 메신저로 간단하고 명료하게 문장을 적는 것과는 사뭇 다른 행위. 편지를 전하는 행위가 더 커다란 감동을 선사하는 건 이러한 정성이 하나하나 담겨있기 때문일 테다. 문체에 담겨있는 발신인의 모습을 고스란히 곱씹으며, 당신은 이런 마음과 정성으로 공들여 적었구나, 하며 비로소 존중받고 있다는 느낌을 받게 되는 것이다. 쉽게 휘발되는 휴대폰 메신저와는 달리, 간수만 잘한다면 보존하기 용이하기도 하고. 그러한 연유로, 나는 편지를 좋아한다.

받는 일이라면 더더욱.

 봄처럼 완연했던 문장을 적었던 게 언제였더라, 역시 애인과 주고받던 편지들이 주로 그런 분위기를 자아냈던 거 같다. 사랑하는 이에게 만개한 봄꽃을 보여주고 싶다는 심정으로 공들여 적었던 편지. 그런 편지들은 오래될수록 가치를 더해가는 술처럼 점점 의미가 불어 간다. 그때의 나는 이런 마음으로 너를 생각하며 문장을 내려가고 있었구나. 달콤한 꿈이 수반된 많은 밤들이 문체 속에 담겼다. 시절을 온전히 보존해 놓은 듯한 산물처럼 애틋하고 소중했다. 잘 정돈해서, 서랍 속에 간직해 두어야지. 도저히 버릴 수가 없다. 이젠 편지가 없으면 떠올릴 수 없을 만큼 시간이 많이 지났는데도.

 문체의 색깔이 계절을 따라 자꾸만 변해간다. 옛날에 적었던 생기 충만한 문장들을 들여보고 있자면, 시절에 대한 그리움은 둘째치고 지금은 어쩌다가 이렇게? 생각하게 된다. 그런 감성이 지금도 남아있을까.

사람은 시간이 지날수록 퇴적과 침식을 동시에 거친다는 말을 애써 부정할 수 없게 되었다. 자라면서 어른이 되기 위해 습득했던 것들만큼, 어린 시절에 갖추고 있던 많은 것들이 깎여나가고 있음을 느낀다. 셀 수 없는 퇴적을 거치며 단단해진 나, 이젠 할 수 없게 된 게 너무도 많구나. 상자 속에 쌓인 수많은 옛 편지들에 묻는다. 나 다시 누군가에게 그런 글을 적어낼 수 있을까. 답은 들려오지 않는다. 아무렴, 그저 다정한 형태로만 남아주기를. 그리운 이름 몇 개만이 뺨을 스쳐 지나갔다.

사랑과 타박상

 보다 원초적인 의문이었다. 너는 왜 나를 사랑했었니. 시절과 맞닿은 면에 물기가 가득했던 건 우리가 쉽게 미끄러졌다는 방증이기도 했다. 기억을 더듬고 떠올릴수록 아팠다. 사랑과 타박상은 어떤 특성을 공유하고 있는 건지. 미처 돌아보지 못한 구석에도 새파랗게 든 멍자국이 많았다. 영문도 모르고 했던 이별처럼 무엇하나 알 수 없는 탓에, 구태여 지난 사랑을 좀 더 깊이 파고들어 보기로 한다.

 그러니까 윤아. 내가 하고 싶은 말은, 나를 정말 사랑하긴 했었니. 그저 자조하는 질문이라기엔 너무 무거웠다. 그 대답에 부질없어질 것들이 내겐 너무 많은데. 사랑하지 않았다는 말에도, 사랑했다는 말에도, 분명 나는 온전히 서있을 수 없을 거였다. 너는 떠났고 나는 여전히 떠난 너를 새기고 있고, 이제 남은 건 푸념밖에 없는 건가. 갈증도 아닌 게 자꾸만 목이 메게 했다. 밤바다가 보러 가고 싶어. 네가 무심코 뱉었던 작은 소망에도 무수한 의미가 깃들어있는 것만 같아 흠칫하다. 파도가 부서지는 밤바다 속 우두커니 놓여있는 모래 알갱이 하나. 우리 사랑의 역사가 그만큼 흔하고 가여워졌다는 거 믿겨지니. 나는 아직도 실감이 나질 않아. 불현듯 바다가 보고 싶었다.

마라톤

 삶은 종종 마라톤에 비유되곤 했다. 생이란 몇 개의 코스를 펼쳐놓은 외길 같고… 어딘가에 우두커니 서 있는 나는 그동안의 뜀걸음에 대해 생각한다. 여긴 어디, 나는 누구, 그런 부질없는 단어들을 나열하면서.

 도착지는 여전히 멀고, 가야 할 곳을 잃은 시선은 이내 무릎으로 향한다. 가다 보니 벌써 여기라는 생각은 당최 언제부터 했던 건지. 지금에 와보니 고작 그때였는데 말이지. 나는 돌아보는 걸 잘하는 탓에 빈번히 넘어지기 일쑤였고, 땅에 쓸린 내 무릎은 온전한 날이 없다. 어느새 시간은 나를 저만치 추월해 가고 있는데.

같이 갔다면 좀 나았을까 싶었다. 다 늦어버렸다는 걸 자신에게 시인하고도, 시절에 두고 온 시선들은 얼마간 한 사람을 조명하고 있었다. 보폭을 맞춰 시절 하나를 함께 통과했던 사람. 조금 천천히 걷자던 사람이 있었지. 잡았던 손의 감촉은 이젠 잘 떠올려지지 않는다. 그려지는 건, 손가락으로 셀만큼의 몇 표정과, 몇 개의 약속, 그리고 숨이 찼던 기억. 그런 것뿐.

 여간, 그때 우리 많이 힘들긴 했었지.

 그럼에도 몰아치는 숨 같은 건 우릴 막을 수 없어 했다. 무릎이 까져도, 비가 와도, 갖은 종류의 야유를 들어도, 고개가 너무 무거워서 들리질 않아, 우는 소리가 나오는 날에도, 힘들면 좀 어때 네가 있는데. 그런 마음이었다. 삶에서 가장 중요한 요소 중 하나가 바로 관성인데, 그때의 나는 조금 꺾여도 스프링처럼 튀어 오를 수 있었다. 몸을 사리는 건 청춘이 아니지. 그런 말을 곧잘 건네면서. 달리고 또 달리고 넘어진다. 순백이었던 우리는 온데간데없고, 엉망이 된 우리만 남아 서로를 보며 웃는다. 누군가의 눈에 비친 우리는 아름다울 수 있을 거란 믿음을 품고. 발걸음을 맞추며, 다시 앞으로.

*

 스물 둘 셋쯤이었을 거다. 덕분에 여기까지 잘 올 수 있었어. 말한다. 앞으로도 잘할 수 있을 거야. 너도 말한다. 나는 이제 조금 지쳤다고 한다.

 관성을 좀 잃었어. 나는 여전히 우는 소리를 잘한다. 다시 일어서서 가야 하는데. 돌아본 시선들은 왜 이렇게 애틋한 건지. 두고 온 게 많은 나는 또다시 뒤를 돌아보다가, 어떤 체념을 수반한 채 다시 걷는다. 수많은 시선들을 길모퉁이에 두고, 입에 달라붙지 않는 작별을 말하면서. 다시 앞으로.

 몇 해 전 두고 온 목소리가 자꾸만 눈가에 맺힌다. 울고 있진 않았었는데, 여전히 앞이 잘 보이질 않네. 이러다가 자주 넘어지곤 했었는데. 조금 더 조심히 걸

어야지 마음먹는다. 나는 그때만큼의 관성도 없어서, 다시 잘 일어설 수 있을지 모르겠어.

그러고 보니 몸을 사리는 건 청춘이 아니야 같은 소리를 우리는 곧잘 했었는데, 그때 함께 품은 호기롭던 마음들의 소재는 다 어디쯤일까. 시절 언저리에 두고 온 게 많아서, 너를 사유하던 손끝의 감각이 지난날과 다르게 생경하다. 낡고 구겨진 옛 이름처럼.

*

 윤아, 나 이렇게 지내. 사는 건 여전히 어렵고 다시 앞을 보며 걷고 있어. 시절은 우리를 얼마큼이나 얽을 수 있을까. 돌아본 길 위엔 잔해물이 넘쳐흐르고, 우리는 얼마간 그걸 사랑이라 불렀다지. 어떤 형태로든 내게 달라붙어 있던 네 자국들이 이젠 희미해진 게, 우리를 관통하던 몇 개의 시절도 다 끝이 났나 봐. 돌아보면 네가 있어 웃음이 났는데, 덕분에 까진 무릎이 많이 시리다 윤아. 다시는 넘어지지 않을게. 미안해.

사랑과 타박상

초판 1쇄 발행 2024년 09월 25일
초판 1쇄 인쇄 2024년 09월 25일

지은이　　유창민

디자인　　포레스트 웨일
삽화 일러스트　여지민
펴낸이　　포레스트 웨일
펴낸곳　　포레스트 웨일
출판등록　제2021 - 000014 호
주소　　　충남 아산시 아산로 103-17
전자우편　forestwhalepublish@naver.com

종이책　　979-11-93963-45-6

ⓒ 포레스트 웨일 | 2024
· 이 책은 저작권법에 의하여 보호받는 저작물이므로 무단 전재와 복제를 금합니다.
· 이 책 내용의 전부 또는 일부를 이용하려면 사전에 저작권자와 포레스트 웨일의 서면 동의를 얻어야 합니다.

작가님들과 함께 성장하는 출판사
포레스트 웨일입니다.
작가님들의 소중한 원고를 받고 있습니다.
forestwhalepublish@naver.com